Die flotte Generation Z im 21. Jahrhundert

entscheidungsfreudig – effizient – eigenverantwortlich
Wie mit der Generation Z zielorientiert und erfolgreich gearbeitet werden kann

Horst Hanisch

© Zweite Auflage: 2019 by Horst Hanisch, Bonn

© Erste Auflage: 2016 by Horst Hanisch, Bonn

Bibliografische Information der Deutschen Nationalbibliothek: Die Deutsche Nationalbibliothek verzeichnet diese Publikation in der Deutschen Nationalbibliografie; detaillierte bibliografische Daten sind im Internet über dnb.dnb.de abrufbar.

Der Text dieses Buches entspricht der neuen deutschen Rechtschreibung.

Die Verwertung der Texte und Bilder, auch auszugsweise, ist ohne Zustimmung des Autors urheberrechtswidrig und strafbar. Dies gilt auch für Vervielfältigungen, Übersetzungen, Mikroverfilmung und für die Verarbeitung mit elektronischen Systemen.

Die Ratschläge in diesem Buch sind sorgfältig erwogen, dennoch kann eine Garantie nicht übernommen werden. Eine Haftung des Autors und seiner Beauftragten für Personen-, Sach- und Vermögensschäden ist ausgeschlossen.

Aus Gründen der einfacheren Lesbarkeit wird auf das geschlechtsneutrale Differenzieren, zum Beispiel Mitarbeiter/Mitarbeiterin weitestgehend verzichtet. Entsprechende Begriffe gelten im Sinne der Gleichbehandlung für alle Geschlechter.

Idee und Entwurf: Horst Hanisch, Bonn

Lektorat: Alfred Hanisch, Bonn; Annelie Möskes, Bornheim

Buchsatz: Guido Lokietek, Aachen; Horst Hanisch, Bonn

Umschlag: Christian Spatz, engine-productions, Köln; Horst Hanisch, Bonn

Zeichnungen: Horst Hanisch, Bonn

Herstellung und Verlag: BOD – Books on Demand, Norderstedt

ISBN: 978-3-7412-6666-9

Die flotte Generation Z im 21. Jahrhundert

entscheidungsfreudig – effizient – eigenverantwortlich
Wie mit der Generation Z zielorientiert und erfolgreich gearbeitet werden kann

Horst Hanisch

Inhaltverzeichnis

INHALTVERZEICHNIS 5

VORWORT 7

    FLAUSEN IM KOPF 7

    Erfahrung trifft Wissen 7

TEIL 1 – DER WECHSEL DER GENERATIONEN UND DIE HERAUSFORDERUNGEN IM BERUFSLEBEN 9

VON B BIS Z 10

    FRÜHER WAR ALLES ANDERS 10

    Die unendlichen Möglichkeiten nutzen 10

    ENTWICKLUNG DER GENERATIONEN UND ÄNDERUNGEN IM BERUFSALLTAG 17

    Nutzen der Vielfältigkeit 17

    Von den Babyboomern bis zur Generation Z 19

    Generation Y – Leben mit der digitalen Welt 20

    Generation Z – Leben in der digitalen Welt 28

    Generation X, Y und Z im Vergleich 36

TEIL 2 – DAS VERTRAUENSVOLLE ARBEITSVERHÄLTNIS UNTEREINANDER UND DER ZEITGEMÄßE UMGANG MITEINANDER 37

DIE SOFTWARE MENSCH ERWARTET SOFT SKILLS 38

    MOTIVATION UND VERTRAUEN 38

    Alte Führungsmodelle über Bord werfen! 38

    Bonus, Malus und Motivation ... 42

    Vertrauen versus Kontrolle 44

    Dimensionen des Vertrauens – Vertrauensgeber und Vertrauensnehmer 52

    Das ABCD-Vertrauens-Modell nach Blanchard 54

    Vertrauen aufbauen 55

    OFFEN, EHRLICH UND TRANSPARENT 56

    Ehrlich sein versus Lügen verbreiten 56

    Feedback geben und Feedback nehmen 59

Kommunikation 63

Gegenseitiger Respekt im Dialog
.... 67

Ehrlichkeit 71

Transparenz und Offenheit 73

Gute Laune 76

Das Unternehmen bewirbt sich beim Bewerber 78

Zeitgemäße Umgangsformen .. 83

Die Vorstellung 88

Wertschätzung, Anerkennung und faire Behandlung 99

Weiterbildung......................... 103

Flache Hierarchien schaffen ... 105

Bürokratische Strukturen abschaffen.............................. 107

Entscheidungskraft und Rückgrat 112

TEIL 3 – FLOTTES, FLEXIBLES UND FREIES ARBEITEN 115

KREATIVITÄT, VISIONÄRES DENKEN, SCHNELLIGKEIT 116

Eigene persönliche Stärken einbringen 116

Gap-Year................................. 116

Sinnvolles Tun und für die Arbeit 'brennen' 117

Eigenverantwortliches Arbeiten 120

Zeit, Schnelligkeit und Risiko .. 120

Kreativität, Innovation und visionäres Handeln 123

STICHWORTVERZEICHNIS 127

KNIGGE ALS SYNONYM UND ALS NAMENSGEBER 131

Umgang mit Menschen 131

Adolph Freiherr Knigge........... 131

Vorwort

Flausen im Kopf

> *Wandel und Wechsel liebt, wer lebt.*
> **Wilhelm Richard Wagner, dt. Komponist**
> *(1813 - 1883)*

Erfahrung trifft Wissen

Der Junge

Wenn Sie, liebe Leserin, lieber Leser, zu den Menschen gehören, die nach 1995 das Licht der Welt erblickten, gehören Sie zur Generation Z.

Im Berufsleben werden Sie auf viele Verhaltensmuster treffen, die Sie als überholt oder altmodisch ansehen.

Treten Sie nun blauäugig und kreativ ins Berufsleben in der Annahme, dass alles so läuft, wie Sie es sich vorstellen oder wie Sie es an der Universität gelernt haben, werden Sie schnell, sehr schnell mit der Realität konfrontiert. Und diese Realität sieht meist ganz anders aus als gedacht, wenn am Arbeitsplatz ganz unterschiedliche Arbeitseinstellungen und Ziele aufeinandertreffen.

Jetzt sind Sie gefragt. Zeigen Sie Einfühlungsvermögen in die Gedankenwelt der Menschen, die als Ihre Vorgänger zu bezeichnen sind. Diese haben nicht nur Wissen, sondern jahrelange Berufserfahrung ‚auf dem Buckel'.

Sie sind oft recht erfolgreich und können nicht zwangsläufig verstehen, mit welchen neuen ‚Flausen im Kopf' Sie antreten.

Betrachten Sie hierzu unsere Überlegungen auf den folgenden Seiten.

Bei entsprechender Empathie können Sie es relativ leicht schaffen, Ihren Arbeitsplatz so zu gestalten, dass Sie selbstbestimmend und gut motiviert das leisten können, was das Unternehmen von Ihnen erwartet und was Sie selbst auch als sinnvoll betrachten.

Der Alte

Wenn Sie, liebe Leserin, lieber Leser, zu einer ‚älteren' Generation gehören, werden Sie sich unter Umständen Herausforderungen stellen müssen, um mit den ‚jungen Leuten' klarzukommen.

Da kommt ein junger Mitarbeiter von der Universität, und glaubt den ‚Kopf voller Flausen' und denkt, mit aktuellem Wissen und neuen Ideen alles besser machen zu können. Dabei läuft es doch schon seit Jahren wunderbar so, wie es ist. Ein eingespieltes System, gut geplant und organisiert. Weshalb soll es nicht immer so weitergehen?

Die Antwort liegt auf der Hand. Weil sich unsere Gesellschaft und die Arbeitswelt ständig ändern. Wenn Sie nicht aufpassen, verpassen Sie Wichtiges und zukunftswegweisende technologische Neuerungen/Veränderungen/Entwicklungen.

Nutzen Sie die Chance, von der anderen Denk- und Lebensweise der Jüngeren zu profitieren! Sie sichern das eigene berufliche Überleben und das Ihres Unternehmens.

Ich wünsche allen Leserinnen und Lesern ergänzende Erkenntnisse zu ihrem bestehenden Wissen. Und ich wünsche eine hervorragende und erfolgreiche Zusammenarbeit zwischen den Generationen.

Horst Hanisch

Teil 1 – Der Wechsel der Generationen und die Herausforderungen im Berufsleben

Von B bis Z

Früher war alles anders

Auf Dinge, die nicht mehr zu ändern sind, muss auch kein Blick zurück mehr fallen! Was getan ist, ist getan und bleibt's.
William Shakespeare, engl. Lyriker (1564 - 1616)

Die unendlichen Möglichkeiten nutzen

Zweifelsohne war William Shakespeare nicht nur ein Genie, sondern auch ein sehr kluger Kopf. Umso mehr trifft das Zitat zu, in dem er klar sagt, dass der Blick zurück nichts mehr nützt. Verständlicherweise beruhen das aktive Handeln und damit auch die Pläne für die Zukunft ganz deutlich auf dem Erlebten, demnach auf der Vergangenheit. An der Vergangenheit immer festhalten bringt allerdings auch nichts.

Wenn ich Menschen befrage, stelle ich immer wieder fest, dass sie den Eindruck haben, die Zeit laufe schneller und schneller. Wir wissen, dass sich mit zunehmendem Alter das subjektive Zeitempfinden ändert. Möglicherweise haben Menschen vor 100 oder 500 oder 1000 Jahren genau so empfunden.

Trotzdem bleibt ein eigenartiges Gefühl, wenn wir uns den technischen Fortschritt in den vergangenen zwei oder drei Jahrzehnten anschauen. Was wurde in dieser Zeit alles erreicht und erfunden? Unglaublich! Vergleichen wir das heutige Leben mit dem Leben nur eine Generation zurück, lassen sich riesige Unterschiede feststellen. Ein heute 100-Jähriger hat eine nicht nachvollziehbare Entwicklung allein schon im Bereich der Wissenschaft und der Technik miterleben können. Damals waren die Menschen zufrieden. Heute können sie es auch sein.

Teil 1 – Vielseitigkeit der Generationen

Kaum einer würde allerdings heutzutage noch die Techniken verwenden, die vor 100 Jahren üblich waren. Selbst Techniken, mit denen Menschen im Berufsleben vor zwei Jahrzehnten gearbeitet haben, sind schon lange überaltert.

Liegt demnach der Schluss nicht nahe, dass auch die Art und Weise, wie wir arbeiten eine deutlich andere sein muss? Wem nützt es zu sagen: „Früher war alles besser". Selbst wenn es so gewesen sein sollte, leben wir nun mal nicht mehr der Vergangenheit. Die Zeit läuft weiter, die Entwicklung ebenso und demnach auch die Art und Weise des menschlichen Zusammenlebens.

Um das Überleben in der Gesellschaft zu gewährleisten, ist der Mensch als soziales Wesen auf das Zusammenleben mit seinen Mitmenschen angewiesen.

Mit seiner emotionalen Intelligenz, kann er nicht nur die eigenen Gefühle, sondern auch positive und negative Emotionen anderer wahrnehmen, verstehen und damit umgehen.

Gesellschaftliches Miteinander

Es wird behauptet, dass sich unsere Vor- Vor- Vorfahren erst deswegen deutlich in die heutige Entwicklungsstufe begeben konnten, weil sie es schafften, miteinander zu leben und sich gegenseitig zu helfen. Solange jeder vor sich ‚herbrasselt', kann er nur bedingt erfolgreich werden.

In der Gesellschaft allerdings riskiert er, sich zum Eigenbrötler zu entwickeln. Um erfolgreich und anerkannt leben zu können, braucht er das gesellschaftliche Miteinander. Das ist 1:1 auf die berufliche Ebene übertragbar.

Ein angenehmer weiterer Effekt zeigte sich bei unseren Vorfahren durch die gegenseitigen Stärken des Zusammenlebens.

So konnte sich die rationale Intelligenz entwickeln, die beispielsweise analysiert und logisch vorgeht.

Die wiederum half dem Menschen, materiell so erfolgreich zu werden, wie er heute ist.

Das erfolgreiche Miteinander

Betrachten wir den durchschnittlichen mittelständischen Unternehmer, der das Unternehmen von seinem Vater übernommen und weiterentwickelt hat.

Er ist erfolgsverwöhnt; er wurde durch die vergangenen Vorgehensweisen sozusagen konditioniert, das Unternehmen zu führen. Er fühlt sich von Tag zu Tag stärker, da auch seine Erfahrungswerte täglich zunehmen. Er hat schon allerlei kritische, ja sogar brisante Situationen erfolgreich gemeistert.

Dass er in seiner Gemeinde als erfolgreicher Unternehmer dasteht und sich in der Gemeindearbeit hervortut, gesellschaftliche Events sponsert, ist eine Selbstverständlichkeit für ihn.

Bisher hat er alle Entscheidungen zu unternehmerischen Änderungen deutlich bestimmt beziehungsweise mitbestimmt und beeinflusst.

Trugschluss

So ist er der Meinung, dass es in Zukunft genauso sein wird. Und hier unterliegt er einem Irrtum.

Er kann unter Umständen eben nicht mehr den Zeitpunkt für Veränderungen bestimmen. Andere Unternehmen haben sich auch erfolgreich auf dem Markt weiterentwickelt. Der Anspruch der Konsumenten hat sich geändert.

Zum Zeitpunkt der Entstehung dieses Manuskripts scheint beispielsweise die Autoindustrie in Aufruhr zu geraten.

Teil 1 – Vielseitigkeit der Generationen

Der sogenannte Diesel-Abgas-Skandal kann gegebenenfalls große, bisher erfolgreiche Unternehmen ins Schwanken bringen. Der zuliefernde Mittelstand wird dieses Wackeln sofort mitbekommen und – durch seine mögliche Abhängigkeit – ganz schnell zum Einsturz kommen. Eben noch sehr erfolgreich und mit Urkunden prämiert, jetzt am Boden. Und das, ohne eigenes, negatives Einwirken.

Einige Jahre zurück konnte gesehen werden, wie die Digitalisierung bei Fotoarbeiten ganze Branchen ins Off schickte. Im Nachhinein kann behauptet werden, „die hätten die Entwicklung verschlafen". Vielleicht war es so.

Und deshalb muss auch jetzt und jederzeit der vernünftige Unternehmer damit rechnen, dass er plötzlich vor absolut neuartigen unternehmerischen Herausforderungen steht.

Wie kann er sich, zumindest im Ansatz, darauf vorbereiten?

Nun, indem er sich – und das ist das Thema des Buches – anders, offener verhält, als er es bisher tat. Und zwar in Bezug auf neue Mitarbeiter der Generation Z.

Seine eigenen Denkweisen in alle Ehren – die Denkweisen der anderen allerdings ebenso. Weiterdenken und anderes Denken als bisher ist angesagt.

Die junge Generation

Machen wir uns also frei von dem Gedanken an das ewig Gestrige. Zeigen wir die Bereitschaft, neuartig zu denken und geben der jungen Generation die Möglichkeit, ihre Lebenseinstellung und ihre Art zu leben in unsere Art zu leben einzubringen!

Die jeweils nachwachsende Generation betrachtet die Welt mit absolut anderen Augen als die Generation zuvor. Das ist für ältere Menschen immer schwer vorstellbar.

Wenn Sie in Aufzeichnungen früherer Epochen schauen, werden Sie immer wieder Hinweise finden, die zeigen, dass sich der älter werdende Mensch mit dem Verhalten des Jüngeren nicht identifizieren konnte. Akzeptanz wäre hier schon gut gewesen; meist musste die nachwachsende Generation ihren Stellenwert regelrecht erkämpfen.

Vielleicht muss das im Leben so sein. Was aber nicht bedeutet, dass wir es treu ergeben so hinnehmen müssen. Der ältere Mensch hat den Vorteil, mit jedem Lebensjahr Erfahrung gesammelt zu haben. Diese Erfahrung fehlt dem Jüngeren.

Da Erfahrung, wie es das Wort schon sagt, selbst erfahren werden muss, kann sie nicht auf dem Lernweg vermittelt werden! Die Nachfolge-Generation kann zwar von der Erfahrung profitieren, muss aber trotzdem ihre eigenen Erfahrungen sammeln. Wie schön wäre es, Erfahrungen als Wissen zu lehren und zu lernen.

Erfahrung trifft Wissen

Und hier wird schon erkennbar, wo sich die Problematik zwischen den Generationen auftut. Der eine hat die Erfahrung, der andere bringt das neueste Wissen mit: Dank der Aus- und Weiterbildung, von Schule und Studium.

In der Theorie ist das ganz einfach: Der jüngere Mensch und der ältere Mensch könnten ihre Erfahrung und ihr Wissen ganz einfach gegenseitig zur Verfügung stellen. So könnten beide davon profitieren. Die Praxis zeigt leider täglich anderes.

Privat mag das ja alles noch angehen. Hier ist sowieso jeder für sich selbst verantwortlich. Im beruflichen Umfeld sieht die Sache etwas anders aus. Geschäftsführer und Unternehmer, Selbstständige und Vorgesetzte vertun hier unendlich große Chancen.

Teil 1 – Vielseitigkeit der Generationen

Sie gehen davon aus, dass das eigene Wissen das Richtige ist und dass ihre Vorgehensweise selbstverständlich auch die richtige Art ist. „Sonst wäre ich ja nicht so erfolgreich, wie ich es bin." Subjektiv empfunden mag der Mensch 100 Prozent Leistung erbringen. Tatsächlich liegt sie, verglichen mit den Möglichkeiten, die verschenkt werden, deutlich unter 100 Prozent.

Diese Differenz ist bedauerlicherweise nicht messbar. Wenn wir nun ‚nur' 10 Prozent Differenz annehmen (wahrscheinlich ist es ein deutlich höherer Prozentsatz), würde das bedeuten, dass jeden Tag 10 Prozent Leistung, Erfolg, Umsatz verschenkt würden. Jeden Tag! Kann sich das ein Unternehmen wirklich leisten? Und wenn wir davon ausgehen, dass es nicht nur ein Unternehmen betrifft, sondern die Mehrheit der Unternehmen, dann müssen wir sagen: „So darf es nicht weitergehen."

In der folgenden Darstellung soll gezeigt werden, wie viel Kapazität im Laufe der Zeit verloren geht oder nicht genutzt wird. Das Dreieck zeigt diesen Bereich an.

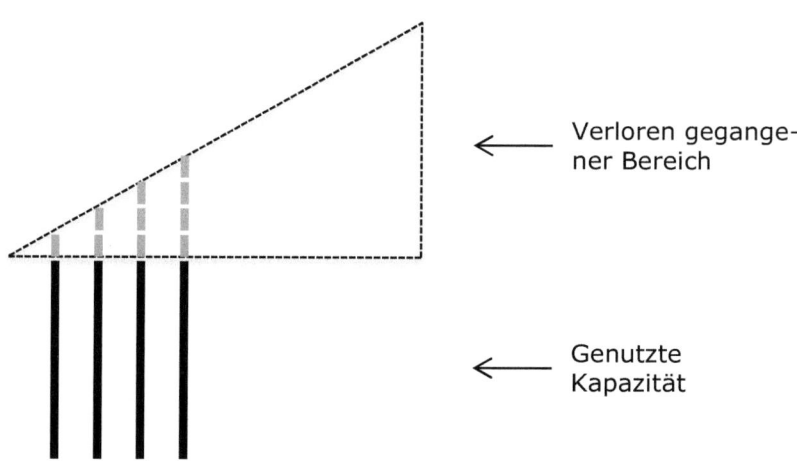

Die flotte Generation Z

Wie kann ein größerer Erfolg erreicht werden? Nun, zum Beispiel mit dem Themenbereich, den das vorliegende Buch anspricht. Nämlich die Zusammenarbeit mit der Generation Z. Im Buchtitel steht ‚die flotte Generation Z'.

Das Eigenschaftswort ‚flott' soll bereits darauf hinweisen, dass diese Menschen keineswegs träge in einem beruflichen Zustand ausharren, sondern im Gegenteil sehr dynamisch und flexibel arbeiten können und vor allen Dingen wollen.

Treffen sie nun auf die klassische Unternehmenskultur, werden sie bald frustriert aufgeben. Der Unternehmer kann sagen: „Hat er eben Pech gehabt." Tatsächlich müsste er sagen: „Habe ich eben Pech gehabt." Denn er hat die große Chance verpasst, von der Verhaltensweise, Denkweise und Arbeitsweise des jüngeren Menschen zu profitieren.

Im vorliegenden Buch geht es um genau diese Diskrepanz zwischen den Generationen. Gehören Sie, liebe Leserin, lieber Leser, zu den Menschen, die vor 1995 geboren sind, werden Sie in Ihrem zukünftigen Berufsleben auf die Generation der jüngeren Berufseinsteiger treffen, die als Generation Z beschrieben wird.

Unsere Empfehlung ist eindeutig: überlegen Sie sich rechtzeitig. Allein die Tatsache, dass Sie diese Zeilen lesen und möglicherweise das Buch jetzt elektronisch oder physisch in der Hand halten zeigt, dass Sie sich bereits mit diesem Thema beschäftigen.

Lassen Sie sich darauf ein, dass andere Menschen anders denken. Vergessen Sie nicht: Sie haben den Vorteil der Erfahrung!

Von B bis Z – vom Babyboomer bis zum Z-ler.

Teil 1 – Vielseitigkeit der Generationen

Entwicklung der Generationen und Änderungen im Berufsalltag

Jede Veränderung beginnt in uns.
Dalai Lama (Mönchsname: Tenzin Gyatso, gebürtig Lhamo Döndrub in Tibet), 14. Dalai Lama (*1935)

Nutzen der Vielfältigkeit

Die Idee, sich zurückzuziehen und sein ‚eigenes Süppchen zu kochen', wird also nicht zum Erfolg führen. Also, aktiv werden!

Das Zitat vom Dalai Lama passt wunderbar. „Jede Veränderung beginnt in uns." Es ist (fast) zwecklos, einen anderen Menschen so formen zu wollen, dass er idealerweise in unsere Vorstellungskraft und Lebenswelt passt. Ein jeder Mensch hat dasselbe Recht, sich nach seinem Gusto entwickeln zu dürfen.

Allerdings: Solange der Mensch in einem sozialen Gefüge lebt, ist er auf das gegenseitige Miteinander angewiesen. Sicherlich, es müssen auch Kompromisse eingegangen werden, das heißt, es muss von den eigenen Forderungen etwas aufgegeben werden, um gemeinsam ans Ziel zu kommen. Vielleicht sind diese Kompromisse effektiver oder gar effizienter?

Von der Vielfältigkeit anderer Meinungen lässt sich profitieren. Durch Austausch von Wissen, durch gegenseitige Hilfeleistung und Unterstützung, durch ehrlich gemeintes Lob und konstruktive Kritik, durch die jeweiligen Netzwerke usw.

Durch den intensiven Austausch zwischen A und B kommt es möglicherweise zu ganz neuen Einsichten und Erkenntnissen und damit zum Ergebnis C. Gehen A und B offen miteinander um und tauschen ihr Wissen und ihre Erfahrungen komplett aus, profitieren beide – im Extremfall würden sie ihr Wissen verdoppeln. Bliebe jeder für sich alleine, würde eine Steigerung erst nach langer Zeit sichtbar werden, aber bei weitem nicht so wie beim Austausch.

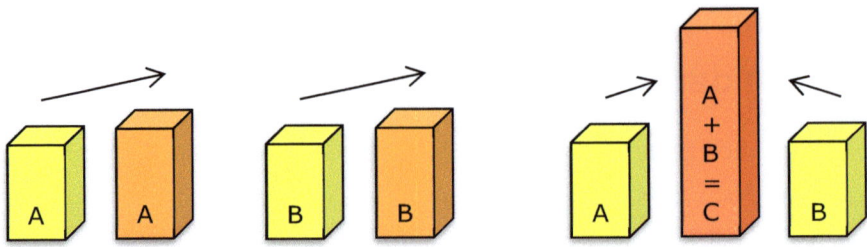

Stellen wir uns nun vor, dass sich 4, 6 oder noch mehr Menschen intensiv austauschten. Wie müsste dann der eigene ‚Horizont' erweitert werden …

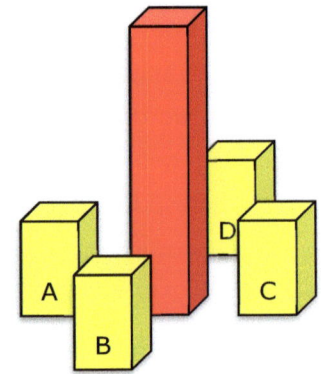

Erfolg lässt sich nur mithilfe anderer bewältigen. Und was würde Karriere bedeuten, wären wir ganz alleine auf dieser Welt? Nutzen Sie die vielfältigen Möglichkeiten, sich mit anderen auszutauschen. Geben und Nehmen!

Teil 1 – Vielseitigkeit der Generationen

Von den Babyboomern bis zur Generation Z

Selbstverständlich ist es schwierig bis fast unmöglich und wirkt auch teilweise willkürlich, Menschen in ‚zeitliche' Gruppen einzuordnen. Trotzdem sprechen wir vom Verhalten verschiedener ‚Zielgruppen'.

In Deutschland wird zum Beispiel von der Generation Boomer beziehungsweise Babyboomer gesprochen. Das sind die Nachkriegskinder, die etwa bis 1965 geboren wurden. Danach folgt die geburtenschwache Generation, die in den Jahren 1965/1970 bis 1980/1985 geboren wurde und als Generation X bezeichnet wird.

Millennials

Bei der Generation Y handelt es sich um Personen, die ab 1980/1985 auf die Welt kamen. Je nach Quelle endet dieser Generationenabschnitt 1995/2000. Diese Generation wird auch als Generation Millennials (Jahrtausender) bezeichnet. Hier finden sich zum Beispiel die sogenannten ‚Digital Natives'. Es sind diejenigen, die in die digitale Welt hineingeboren sind und im Gegensatz zur Vorgeneration war für sie der Gebrauch der bezeichneten Technik üblich. Sie wuchsen mit dem Reifen dieser Technik mit.

Die Menschen, die davor geboren wurden, sind im Gegensatz zu den Digital Natives die ‚Digital Immigrants'. Ein Immigrant ist ein Einwanderer, wobei sich hier der Begriff nicht auf Migranten bezieht, die in ein anderes Land auswandern, sondern auf Menschen, die erst im Erwachsenenalter digitale Technologien kennengelernt und den Umgang damit erlernt haben.

Das Y in der Bezeichnung Generation Y steht in der englischen Sprache für das Fragewort ‚why', (warum). Es ist die Generation, die alles hinterfragte: „Weshalb ..." Deshalb gilt sie auch als ‚Sinn suchende' Generation.

Nach dieser Epoche wuchs die Generation Z heran. Die Bezeichnung gilt für die bis etwa 2010 Geborenen. Diese Generation wächst in der digitalen Welt auf. Smartphone und Internet gehören zum Alltagsleben. Die Welt wird online gelebt. Die Y-ler haben teilweise eine erfolgreiche Position im Unternehmen erreicht. Andere stehen kurz vor dem Berufseinstieg. Die Z-ler folgen danach, wobei diese Gruppe beruflich aktiv und für Arbeitgeber relevant ist.

Weshalb nun die Hinweise zu den Generationen? Auf unser Thema bezogen müsste dem Arbeitgeber klar sein, dass jede Generation andere Erwartungen und Bedürfnisse hat. Diese Bedürfnisse strahlen nachvollziehbarerweise auch auf das Berufsleben aus. In der Generation X ging es um ‚Zucht und Ordnung' und darum, dass ‚gefälligst das gemacht wird, was der Chef will'. Auch wenn das etwas überspannt ausgedrückt ist, zeigt es doch die damalige Vorgehensweise in vielen Unternehmen. Die Karriere war deutlich wichtiger als zwischenmenschliche Beziehungen und das Wohlfühlen der einzelnen Beschäftigten.

Generation Y – Leben mit der digitalen Welt

Dann tritt die Generation Y ins Berufsleben ein. Bei dieser Generation stehen aber nicht mehr nur die Karriere und das damit verbundene Geld an erster Stelle. Der Gedanke der work-live-balance kommt viel deutlicher zum Tragen. Unternehmen, die gesundheits-orientierte Speisen in der Kantine anbieten und/oder Kinderbetreuung vor Ort zur Verfügung stellen, haben eine größere Nachfrage von Kandidaten. Aufgrund der gewünschten flexiblen Arbeitszeit, gegebenenfalls auch vom Homeoffice aus, wird erwartet, dass auch mal abends oder bis in die Nacht, sowie am Wochenende gearbeitet werden sollte.

Die in der Zeitspanne der Generation Y Geborenen sind mit den technischen Neuerungen aufgewachsen.

Teil 1 – Vielseitigkeit der Generationen

Ihnen wurde das Handy, das inzwischen Smartphone heißt, mit in die Wiege gelegt. Rieb sich die Generation X noch manchmal die Augen und wunderte sich, ‚wie' das alles funktioniert und ‚was' mit der neuen Technik alles gemacht werden kann, arbeiteten die Jüngeren ganz selbstverständlich mit diesen neuen Gegebenheiten.

„Früher ging's auch ohne."

Der Ältere wird manchmal mit den Worten zitiert. „Zu unserer Zeit ging das auch ohne Handy …" was mittlerweile jedem bekannt sein sollte (auch wenn sich die Jungen wundern, ‚wie' die Alten ihr Leben damals meistern konnten). Gierig wurde jetzt mit dieser neuartigen Technologie gearbeitet; ständig gab es neue Errungenschaften, bei denen die meisten sich fragten, wieso es so etwas nicht früher gab, obwohl dieser Fortschritt früher nicht vermisst wurde.

Es baute sich die gigantische Möglichkeit des privaten wie beruflichen Netzwerks auf, das es immens erleichterte, Arbeitsschritte zu erleichtern und mehr Menschen in unglaublich kurzer Zeit zu informieren. Wer damals mit gutem Beispiel voranging und sich auf die Unternehmensfahne schrieb „Today in – Today out", galt ja schon als überholt. Wer wollte schon mehrere Stunden auf eine Rückmeldung warten?

Das hatte unglaubliche Auswirkungen auf den beruflichen Alltag. War es in der Generation X noch üblich, über Monate, eventuell Jahre zu planen, verringerten sich diese zeitlichen Abstände in immer kürzere Einheiten. Das, was ursprünglich in einem Jahr sein sollte, hatte sich bis dorthin mehrfach überholt und stimmte mit den Anforderungen überhaupt nicht mehr überein. Demnach war eine größere zeitliche Flexibilität gefordert, die erst richtig in der Generation Z zum Tragen kommt. Jetzt wird überlegt, jetzt wird entschieden, und wenn es sein muss, dann wird alles wieder über den Haufen geworfen.

Dass es zu Herausforderungen in der Zusammenarbeit zwischen den Generationen kommen musste, scheint im Nachhinein betrachtet logisch. Tatsächlich ist solch ein Generationenübergang eher fließend, sodass ein ‚gut (ein-)gelaufenes' System gar nicht mitbekommt, dass sich Menschen anderes verhalten als bisher. Aussagen wie „Das war schon immer so" haben nun absolut keine Gültigkeit mehr. Unternehmer, die über den Tellerrand blicken, erkennen, dass es andere Trends gibt und andere Verhaltensmuster, die den beruflichen Ablauf beeinträchtigen werden. Das, was bisher als sehr gut bezeichnet werden konnte, musste nunmehr nicht zwangsläufig als sehr gut betrachtet werden.

Generation Y – Jung und Alt im Beruf – Verständnisprobleme unter den Generationen?

Vor einiger Zeit wurde der Autor dieses Buchs gebeten, seine Gedanken zu ‚Jung und Alt' im Berufsleben zu äußern. Wie denken, handeln und arbeiten jüngere Berufseinsteiger heutzutage? Und zu welchen möglichen Herausforderungen kommt es dadurch mit den ‚älteren' Kollegen, die schon einige Jahre erfolgreich im Beruf arbeiten. Hier die damaligen Überlegungen des Autors:

Ich habe den Eindruck, dass die angesprochene Zielgruppe heutzutage absolut anders lebt als die Menschen vor nur zehn Jahren. Wahrscheinlich auch die Nachwachsenden in den kommenden zehn Jahren. Also nicht ein bisschen anders, sondern total anders. Es hat lange gebraucht, bis ich das selbst wahrgenommen habe. Und weiter, bis ich das akzeptiert habe, auch zu sagen „ok, diese Generation verstehe ich vielleicht gar nicht mehr". Wenn ich mit Menschen dieser Altersgruppe rede, habe ich den Eindruck, ich rede so, dass sie mich verstehen, gewinne aber immer mehr den Eindruck, dass die mich überhaupt nicht verstehen. Selbstverständlich verstehen sie das, was ich sage, sie verstehen auch, was ich will. Aber meine Herangehensweise verstehen sie nicht mehr.

Zum Beispiel brauche ich eine Art Gedankenstütze, damit ich

Teil 1 – Vielseitigkeit der Generationen

eine Art Hilfe habe, wenn etwas vereinbart wurde. Wenn ich heute mit einem 25-Jährigen rede, heißt es: „Alles ist ok, alles ist ok, wir vereinbaren das so und so." Der Betreffende sprudelt über vor Ideen. Und dann passiert – nichts mehr.

Ich meine, innerhalb von drei bis vier Tagen erfolgt keine Reaktion oder Rückmeldung, die das Vereinbarte bestätigt, ergänzt oder eventuell klärt.

Ich selbst bin gewohnt, dass der andere genau verstanden hat, was wir besprochen haben und er in diese Richtung aktiv wird. Das ist häufig ein Fehlschluss. Irgendwann, sagen wir mal nach einem Monat, kommt mir das Gespräch wieder in Erinnerung und die Frage taucht auf, was passiert denn? Ich würde gerne einen Zwischenstand haben, eine Rückmeldung, irgendwas.

So frage ich nach, schicke eine Mail und erfahre sehr häufig, dass sich überhaupt nichts getan hat. Gar nichts: „Ach ja, vielen Dank für die Erinnerung, ich hatte gerade hier zu tun oder dort zu tun."

Was bedeutet das aus meiner Sicht? Es sind jetzt 4 Wochen vergangen. Ich habe auf eine Reaktion gewartet, eine Idee, einen Vorschlag zum Thema. Aber es ist nichts geschehen.

Also treffen wir uns erneut, es wird wieder ein Termin vereinbart. „Alles klar, alles klar" und das wiederholt sich scheinbar endlos. Mittlerweile habe ich verstanden, dass es wohl so ist. Dabei spreche ich nicht von Ausnahmen, sondern von mehreren Vorkommnissen. Ich halte mich selbst zurück. Jetzt gehe ich davon aus, wenn jemand zu mir kommt mit einer ganz tollen Idee und will was ganz Tolles machen, helfe ich gerne soweit ich kann. Aber ich gehe ebenso davon aus, dass daraus nichts wird. Es passiert einfach nichts mehr.

Bei unseren Studierenden vor 15 Jahren, ‚nur` 15 Jahren war das anders. Das heißt, wenn etwas vereinbart war, gab es üblicherweise eine Rückmeldung in zeitnahem Abstand. Ich konnte erkennen, dass weitergearbeitet wird. Beim nächsten Treffen konnte auf Erarbeitetes zurückgegriffen und weitere Teilziele vereinbart werden.

Und wenn ich jetzt beruflich mit Unternehmen zu tun habe, sitzen dort diese Personen in ‚Entscheiderposten'. Dann merke ich auch ein anderes Verhalten untereinander. Alles läuft recht kurzfristig.

Ich stelle fest, dass viele der jungen Leute auf die letzte Sekunde arbeiten, auf den letzten Drücker. Das gab es früher auch, aber heutzutage deutlich verstärkt. Offensichtlich ist das Empfinden für Zeit ganz anders geworden.

Eine Deadline irgendwann bringt mich dazu, irgendwann

vorher aktiv zu werden. Und irgendwann kann ein Tag vorher sein. Solange das funktioniert ist alles gut, aber wenn die eine Person wieder vernetzt mit einer anderen arbeiten muss, dann haut es so nicht mehr optimal hin. Das sehe ich als echte Herausforderung. Viele ‚junge' Unternehmen scheinen heute auf diese Art ‚dynamisch' zu arbeiten. Wenn mehr oder weniger alle so arbeiten, dann scheint es zu klappen und zu funktionieren. Aber ob (ältere) Kollegen/Kolleginnen so arbeiten, lässt ein großes Fragezeichen erscheinen.

Andererseits: Wenn ich heute eine SMS schicke, wundere ich mich, wie schnell die Antwort zurückkommt. Die Leute leben so, wir leben so, das ist alles legitim. Auch die Nachteile, die sich daraus ergeben sind weitestgehend bekannt. Stress und so weiter. Aber als es diese Technik nicht gab, haben die Leute anders gelebt. Die Leute von damals leben und arbeiten ja heute auch noch.

Entweder sie übernehmen die neue Technik, versuchen mitzumachen, dann sind sie ‚drin'. Oder sie sträuben sich dagegen und werden so zwangsläufig zum Außenseiter. Und wir reden jetzt nicht von 80-Jährigen, sondern auch von Menschen um die 40, 50, die mir im Coaching gegenübersitzen. Ich schätzte, dass diese Problematik in vielen Unternehmen auftritt. Hier hat sich ein Unternehmen etabliert, mit allen seinen Arbeitsschritten und Vorgehensweisen. Und dann kommt der Nachrücker von der Uni mit seinem brandaktuellen Wissen und aktuellen Verhaltensmustern.

Das tragen sie nun unreflektiert an den Arbeitsplatz. Allerdings arbeiten sie dort (zwangsläufig als Berufseinsteiger) mit meist älteren Menschen zusammen. Der Jüngere versteht den Älteren nicht und umgekehrt. Immer im eigenen Verhaltensmuster. Wenn beide erkennen und akzeptieren, dass der andere anders arbeitet, dann können beide Seiten voneinander profitieren. Also wäre die Lösung, Verständnis füreinander aufzubauen, Wertschätzung anderen gegenüber zu zeigen.

Und ich gehe noch einen Schritt weiter. Was geschieht mit den ‚Alten'? Was passiert mit deren Erfahrungswerten? Sie gehen ungefragt verloren. Das lässt sich fast als fahrlässig beschreiben, da die Nachrückenden das gesammelte Wissen und die gemachten Erfahrungen der Alten ungenutzt lassen.

Gelegentlich überlässt eine Oma einem Studierenden gegen Unterstützung ein Zimmer. „Der hilft mir und muss dann nichts zahlen." Solche Modelle finde ich ganz toll. Erstmals profitieren beide, nicht nur wegen der Miete oder des Wohnplatzes, sondern weil beide auch plötzlich mit einer total

Teil 1 – Vielseitigkeit der Generationen

anderen Generation zu tun haben.

So höre ich vereinzelt, dass es in den Staaten mehr oder weniger zum guten Ton gehöre, sich zu engagieren und anderen zu helfen. Hier in Deutschland haben wir noch ein Defizit.

Es gibt ja schon eine Menge Möglichkeiten, sich ehrenamtlich zu beteiligen. Häufig sind es ältere Menschen, die sich beruflich gefestigt haben oder gar aus dem Berufsleben ausgeschieden sind. Nun spreche ich hier die Jüngeren an.

Schon in der Schule und an der Uni ist schnell zu sehen: da sind einige, die sich engagieren. Schon im ersten Semester kristallisieren sich die Leute raus, die nicht warten bis jemand kommt und sagt „hier muss mal was getan werden". Sondern die suchen von sich aus, wie sie sich engagieren können.

Der jungen Generation wird vorgeworfen, dass sie sehr schnelllebig ist und handelt. Der Begriff ‚Vorwurf' ist unpassend, denn die jungen Leute können sich ja schlecht aussuchen, wann sie geboren werden. Sagen wir schnelllebig im Vergleich zu früher, so mag es denn stimmen.

Dieses schnellere Vorgehen hat ja auch deutliche Vorteile. Wenn wir uns den heute 20-Jährigen anschauen, dann war der schon im Ausland. Ein halbes Jahr hier, hat hier das gemacht, dort jenes usw. Er spricht per se schon mal Englisch, vielleicht noch eine zweite oder dritte Sprache. Er hat einen interkulturellen Erfahrungsschatz als 20-Jähriger, das hat ein jetzt 60-Jähriger in seiner Jugend wahrscheinlich nicht erlebt.

Der damals 20-Jährige hatte deswegen keine Nachteile. Es betraf ja nun mal viele in der Gesellschaft.

Und könnten wir heute in die Zukunft denken, in das Jahr 2070 beispielsweise und würden vermuten, wie alles aussehen könnte, wären wir sehr wahrscheinlich herb enttäuscht im Jahr 2070. Wenn wir sehen, wie es tatsächlich sein wird.

Was bedeutet das nun, wenn ein junger Mensch heute ins Arbeitsleben einsteigt?

Für das Unternehmen selbst kann es ein Vorteil werden, wenn sich die Beschäftigten auf die jungen Leute einstellen. Es gilt gegenseitiges Verständnis aufzubauen, sich tatsächlich die Zeit zu nehmen, den anderen zu verstehen. Mit dem Neuen reden, versuchen herauszufinden, wie er arbeitet, wie er ‚getaktet' ist. In Gesprächen lässt sich eine ganze Menge raushören. Denn auch die Älteren leben nicht hinterm Mond. Nur wissen sie vielleicht nicht zwangsläufig mit welchen Medien der Jüngere arbeitet. Es gibt ja ständig neue Möglichleiten. Das heißt, das Unternehmen kann profitieren, wenn es sich die Kraft des Jugendlichen zu Nutze macht.

Und umgekehrt gilt das für den jungen Menschen. Für den scheint ja alles so, wie er es aus seinem relativ kurzen Leben kennt. Nun wird er im Unternehmen auf Konstellationen treffen, die nach seiner Meinung überholt sind. So kommt er in eine Abteilung und sieht dort, wie jemand arbeitet und will einen vermeintlich guten Rat geben. Dort sitzt ein Sachbearbeiter, der seit 25 Jahre das und das macht. Der ‚Junge' gibt einen gut gemeinten Tipp, den aber nicht jeder annehmen möchte.

Also müsste der Jüngere überlegen: „Ich erkenne vermeintliche Schwachstellen, die aber aus Sicht des Unternehmens gar keine sind". Deshalb sollte er erst einmal schauen, wie der Betrieb hier läuft, redet mit dem einen Angestellten hier, mit dem anderen Beschäftigten dort und bekommt dann mit, wie hier vorgegangen wird, und eventuell auch, weshalb in dieser Art vorgegangen wird.

Wenn er nun sensibel seine Vorschläge unterbreitet, dann können beide profitieren.

Befehlen lässt sich eine solche Vorgehensweise nicht. Es müsste also ‚von innen raus' geschehen. Jemand ist bereit, Verständnis aufzubauen. Wandel ist gut, da es (meistens) Fortschritt bedeutet.

Unsere Kultur ist nach wie vor eher auf eine rational arbeitende, Gewinn optimierende Vorgehensweise aufgebaut. Oft sieht diese Vorgehensweise den Menschen schwächer und austauschbarer an, als es sein müsste. Wenn jemand ausfällt, fällt er aus; kommt eben der nächste. Wenn ich eine Maschine anschaffe, die 60.000 Euro kostet, dann kostet sie nun mal so viel. Wenn ich einen Beschäftigten einstelle, der 60.000 Euro verdienen soll, scheint er in einem bestimmten Zeitrahmen zu teuer. Und da fehlt dieses Verständnis zueinander.

Jung und Alt: Rauft euch zusammen und profitiert voneinander!

Hat sich etwas verändert?

Vielleicht ist das leichter gesagt als getan. Es gehört für einen etablierten Manager schon kritische Reflexion zu seinem eigenen beruflichen Verhaltensmuster dazu, sich Gedanken darüber zu machen, wie die Zusammenarbeit optimiert werden kann.

Dabei gilt dann auch: Nicht warten, bis der andere mit einem Vorschlag kommt, sondern selbst Vorschläge unterbreiten.

Teil 1 – Vielseitigkeit der Generationen

Es gehört zu einem wichtigen Teil der Arbeit einer Managerin oder eines Managers, sich in diesem gedanklichen Umfeld hervorzutun. Wer es nicht macht, riskiert, dass sich die Nachwachsenden anderen Unternehmen zuwenden, die mehr Wert auf die Bedürfnisse der jüngeren Generation legen.

Also: Alt inspiriert Jung und hat den Erfahrungsvorsprung. Jung bietet den Wissensvorsprung in neuester Technik und in neuesten Programmen.

Die Generation Y muss doppelt so viel arbeiten wie die Babyboomer

Um das Jahr 2016 herum wird vielen Y-lern bewusst, dass sie sich finanziell in einer schwierigeren Konstellation befinden als die Generation davor. Die Haben-Zinssätze nähern sich der Null-Prozent-Marke. Ja, vereinzelt wird schon mit Negativ-Zinsen gearbeitet. Wo früher Sparverträge, Lebensversicherungen und andere Zins-Ansammlung-Modelle teils ‚dicke' finanzielle Zuwächse sicherten, bringt das Anlegen von Geld keinen finanziellen Vorteil.

Um am Lebensende dasselbe finanzielle Polster erreicht zu haben, was die Vorgeneration schaffte, muss rechnerisch das Doppelte geleistet werden. Für die meisten Menschen ist das absolut illusorisch und nicht machbar. Die Ersten fangen an nachzudenken, was das für ihre Alters-Vorsorge bedeuten wird.

Erschwerend kommt hinzu, dass eine deutlich wachsende Zahl Beschäftigter nur mehr mit zeitlich begrenzten Arbeitsverträgen im Berufsleben steht. Die vermeintliche berufliche Sicherheit eines festen Arbeitsplatzes wird mehr und mehr zur Ausnahmesituation.

Diese Konstellationen werden voraussichtlich den Z-ler noch mehr betreffen, weshalb er sich noch mehr Gedanken über seinen beruflichen Einstieg machen sollte.

Generation Z – Leben in der digitalen Welt

Die Generation Y lebt <u>mithilfe</u> der digitalen Welt, die Generation Z sozusagen <u>in</u> der Unendlichkeit dieser virtuellen Welt. Das zeigt schon mal einen deutlichen Unterschied zwischen Generation Y und Z. Meinten die Y-ler eben noch, dass ihre Lebenseinstellung die neueste und beste ist, empfinden die Z-ler schon wieder ganz anders.

Aus Sicht der X-ler sind beide ‚jung'. Hat der Arbeitgeber sich eben mühsam daran gewöhnt, die Generation Y optimal in die Arbeitswelt zu integrieren, stehen nun schon wieder die neuen Herausforderungen an. Die Herausforderungen für die Generation X und für die Generation Y wohlgemerkt. Die Berufseinsteiger der Generation Z hinterfragen nicht mehr alles, wie ihre Vorgänger.

Vieles ist erst mal so, wie es ist, wird als positiv oder ausbaufähig betrachtet. Auch wenn die Z-ler gerade mal erst heranwachsen, gibt es die ersten Vermutungen und Beobachtungen über deren Bedürfnisse und Verhaltensmuster.

Die digitale Welt ist die reale

Da sie sozusagen im Netz geboren sind, ist ihnen dieses Netzwerk auch unglaublich wichtig. ‚Ohne' geht es gar nicht mehr. Der Z-ler ist tatsächlich 24 Stunden online. Er lebt ja, wie oben angedeutet, in der digitalen Welt. Würde er sich vorübergehend ausklinken, dann ist er, nach seinem Gefühl, nicht mehr Teil der digitalen Gesellschaft. Er wäre mit der realen Welt konfrontiert, die aber – um es etwas übertrieben darzustellen – für ihn gar nicht relevant ist.

Teil 1 – Vielseitigkeit der Generationen

Wer früher noch sagte, dass sich jemand „in die digitale Welt flüchtet" müsste das heute anders betrachten. Der Betreffende flüchtet nicht dort hin, sondern er lebt dort! Für einen älteren Menschen scheint das kaum nachvollziehbar, da er diese Empfindungen weniger spürt. Und das macht es ja so schwierig, mit der jeweils anderen Generation vernünftig und gegenseitig verstehend, auszukommen.

Es bringt dem Arbeitgeber überhaupt nichts mehr, wenn er den Zugang zum Smartphone aus dem Büroalltag verbannt. Der Arbeitnehmer kann auf Dauer – und damit sind auch die früher klassischen 8 Arbeitsstunden gemeint – nicht auf den Zugang in die andere Welt, in seine Welt, verzichten. Der folgende versuchte Vergleich hinkt zwar deutlich, aber vielleicht wäre es so, als dürften die früher Geborenen einfach mal eine Woche nicht die eigene Wohnung betreten oder sich von dort etwas beschaffen.

Das ist vielleicht einmal (!) machbar, aber immer wieder, möglicherweise gerade mal mit einer Unterbrechung von 24 Stunden auf die eigenen vier Wände verzichten? Da fehlte deutlich etwas im Leben. Der Mensch würde unzufrieden.

Vergleichsweise ergeht es dem Z-ler, dem der Zugang zu seiner Welt verboten würde. Das heißt, der Arbeitgeber muss einen Arbeitsplatz schaffen, der dem Arbeitnehmer die Technik (ständig und überall) bietet, die er nicht nur für seine Arbeit, sondern tatsächlich auch für sein Leben braucht. Dann wird er sich zufrieden fühlen und auch produktive Leistung bringen können.

Die ständige Präsenz in der digitalen Welt ist also eine der Grundvoraussetzungen für die Menschen der Generation Z.

In der virtuellen Welt ist alles denkbar und möglich, wohingegen greifbare, materielle Dinge nicht benötigt werden.

Der Automarkt kann das deutlich erkennen, da sich mehr und mehr Menschen zum Car-Sharing entscheiden. Das eigene Auto ist nicht mehr wichtig – wofür auch?

Es wird als Mittel angesehen, um von A nach B zu kommen, wenn es denn notwendig ist. Und dazu muss kein eigenes Auto in der Garage stehen. Viel wichtiger ist, dass jederzeit und an jedem Ort der Zugriff auf ein (Leih-)Fahrzeug erfolgen kann, das den Benutzer gefahrlos zu seinem Ziel bringt.

Viele Autohersteller haben diesen Trend, der schon Realität geworden ist erkannt und bauen entsprechende Systeme auf beziehungsweise aus.

Die Überlegung zum politisch gewollten Wechsel der Antriebsart (Verbrennungsmotor – E-Antrieb) verstärkt die Entwicklung.

Alles, immer und sofort

Sofort, schnell, praktisch! Das sind wichtige Eigenschaften heutzutage. Die Ware wird über das Internet ausgesucht und geordert; morgen geliefert und bei Nichtgefallen scheinbar ohne Kosten zurückgesendet. Weshalb noch samstags in die überfüllten Innenstädte gehen, wo unter Stress und bei mürrischem Verkaufspersonal Ware ausgesucht werden soll, die in ihrer Vielfalt dem Internet-Angebot nicht Paroli bieten kann? Und das 24 Stunden am Tag und 7 Tage in der Woche.

Es spielt überhaupt keine Rolle, ob gerade ein kirchlicher Feiertag die Einkaufsmöglichkeiten in der Stadt blockiert, ob einer aus der Badewanne bestellt oder während einer Fahrt in den Urlaub.

Räumlich gibt es sowieso keine Grenzen mehr. Die Globalisierung hat hier schon längst die Realität überholt. Und sicheres Bezahlen weltweit stellt auch keine Barriere mehr dar.

Teil 1 – Vielseitigkeit der Generationen

Ständige Präsenz

Wenn nun die materiellen Dinge in den Hintergrund gerückt sind, zeigt sich der Mensch wieder deutlicher im Vordergrund.

Was ist das für einer? Was macht ihn aus? Was macht er in seiner Freizeit – und vor allem, wen kennt er wiederum? Die ständige Präsenz in den neuen Medien erfordert, mit neuen Informationen die anderen User zu befriedigen, damit sie immer wieder auf die Person aufmerksam gemacht werden und diese ja nicht vergessen. Wer in der digitalen Welt verloren geht, der wird nicht wiedergefunden. Es ist so, als wäre er nicht mehr existent.

Also muss der Mensch immer wieder posten oder darstellen, was er gerade tut, wie er gerade lebt, mit wem er sich umgibt, und vor allem auch, wie er sein Leben (beruflich wie privat) genießt. Und damit kommen wir wieder zum beruflichen Bereich: Was leistet der Betreffende? Welchen Status hat er erreicht? Wie verändert er sich beruflich und welche Erfahrungen hat er gesammelt?

Immer wieder gehen neue Informationen an die anderen aus dem großen sozialen Umfeld, sonst sind die Neuigkeiten nichts wert; sie müssen gelesen werden.

Und – ganz wichtig: Die anderen müssen kundtun, dass sie die Informationen erhalten und im Idealfall gelesen haben. Daumen hoch, am laufenden Band. Je mehr, desto wertvoller der Stellenwert des Menschen in seinem Netzwerk. Es ist ein ständiges Geben und Nehmen, das dauernde Zeigen seines eigenen Erfolgs und das ständige bestätigt werden, also die ständige Selbst- und Fremdbestätigung.

Schnell könnte gemeint werden, dass der Anspruch der Jungen nicht mehr so hoch ist. Das ist ein Trugschluss.

Die Generation Z ist ausgesprochen anspruchsvoll, weiß sie doch, wo es anderes gibt, das besser und/oder günstiger zu haben ist. Mit Ramsch und Minderwertigem lässt sich diese Generation nicht beglücken.

Klassisches Büro ade

Da sich nun das ‚echte' Leben in die virtuelle Vielfalt verschiebt, erfolgt dort das neue ‚echte' Leben. Im Unterschied zur Generation Y, ziehen die Jungen deutlicher die Grenze zwischen Arbeitszeit am Arbeitsplatz und Freizeit. Allerdings ist die gewünschte Regelung in der Arbeitswelt nicht gleichzusetzen mit der Überlegung, von 8 bis 15 Uhr im Büro zu sitzen.

Der Arbeitsplatz muss nicht das Büro sein, weshalb auch? Viele Arbeiten lassen sich heutzutage (mithilfe der aktuellen Technik) von überall her und jeder Zeit erledigen.

Also – klassisches Büro ade: Zugriff auf alle benötigten Unterlagen: unbedingt – und jeder Zeit! Außerhalb des selbst definierten Arbeitsfensters interessieren berufliche Belange nicht. Freizeit, Wochenende und Urlaub gelten als berufliche Tabu-Zeiten.

Eigenverantwortlichkeit des Mitarbeiters

Für den Arbeitgeber bedeutet es, dass er mit seinem Beschäftigten ganz klar die Ziele bespricht und festlegt. Was wird bis wann in welchem Umfang erreicht? Zwischenkontrollen sind wichtig und geben für beide Seiten eine gewisse Struktur.

Wie denn aber das Ziel erreicht wird, liegt eher in der eigenverantwortlichen Entscheidung des Mitarbeiters. Stehen ihm alle nötigen Techniken und Zugriff auf alle Materialien zur Verfügung, wird er sein Ziel erreichen können.

Teil 1 – Vielseitigkeit der Generationen

Die Eigenverantwortung und die innere Motivation nehmen einen höheren Stellenwert ein als vormals.

Die eigene Entfaltung aller Möglichkeiten, in einem gewissen Freiraum experimentieren zu können, Neues zu riskieren, das alles scheint nun angesagt.

Dass die zeitliche und räumliche Flexibilität gegeben sein muss, ist schon deutlich gemacht worden. Räumliche Flexibilität heißt aber nicht nur ‚zuhause versus Büro im Unternehmen'.

Stattdessen wird viel weiter betrachtet, nämlich tatsächlich global. Ob heute einer in Rio de Janeiro arbeitet, in San Francisco oder Shanghai hat an Bedeutung verloren.

Die Möglichkeit der beruflichen Entfaltung spielt eine größere Rolle als der Einsatzort.

Flexibilität im Handeln

Schnelligkeit im Handeln und damit auch Schnelligkeit im Denken sind ausschlaggebend für den beruflichen Erfolg der Generation Z. Ein sofortiges Umdenken ist gefragt, dort wo es notwendig ist.

Sich sofort in eine neue Situation versetzen zu können, ist eine Stärke der Z-ler. Das, was fälschlicherweise als Multi-Tasking bezeichnet wird ist gefragt.

Damit ist aber nicht gemeint, gleichzeitig an mehreren Projekten zu arbeiten, sondern zeitgleich. Das macht die Flexibilität aus.

Laut modernen Untersuchungen kann der Mensch gleichzeitig nicht konzentriert drei Aufgaben bearbeiten (die Aufmerksamkeit springt immer auf eine der drei Aufgaben):

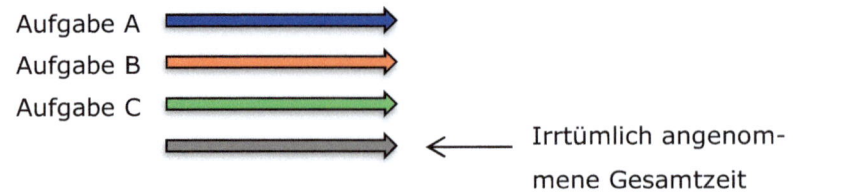

Sondern so (Multi-Tasking), auch als polychrones Arbeiten bezeichnet:

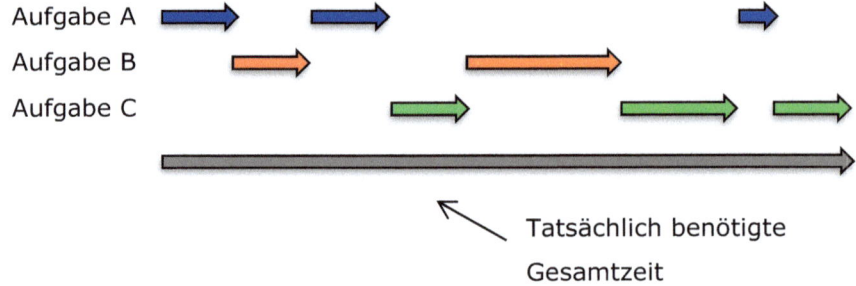

Demnach gibt es keinen Zeitgewinn durch das gleichzeitige Arbeiten im Gegensatz zum nach-und-nach abarbeiten. Wohl aber ein deutliches Hin- und Herspringen zu den jeweils bearbeiteten Projekten.

Zum Vergleich monochromes, früher übliches Arbeiten.

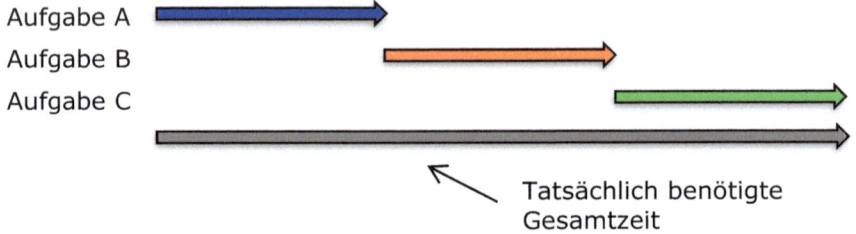

Teil 1 – Vielseitigkeit der Generationen

Fit und konzentriert

Daraus folgt, dass der Mitarbeiter hellwach und topfit sein muss, um diese Art der Vorgehensweise fehlerfrei umzusetzen. Welche Langzeitkonsequenzen das haben wird, lässt sich verständlicherweise jetzt noch nicht sagen.

Es ist allerdings anzunehmen, dass die Konzentrationsfähigkeit eingeschränkt ist und ein kontinuierliches Arbeiten seltener sein wird.

Und dann gibt es noch eine wichtige Betrachtung. War es früher üblich, dem Arbeitgeber absolute Loyalität zu bieten und dem Arbeitnehmer eine Garantie des Arbeitsplatzes gegeben wurde, sieht das bei dem Z-ler ganz anders aus.

Die Flexibilität, die in der Arbeitsweise sichtbar wird, lässt sich auf das Arbeitsverhältnis übertragen.

Genauso wenig wie erwartet wird, dass der Arbeitgeber einen lebenslangen Arbeitsplatz garantieren kann oder will, wird der Junge sich darauf einlassen, seinem Arbeitgeber auf ewig loyal zu bleiben.

Wenn er ein anderes, aus seiner Sicht besseres Angebot in Anspruch nehmen kann, wird er das auch tun.

Demnach ist mit einem höheren Stellenwechsel zu rechnen als heute noch üblich.

Generation X, Y und Z im Vergleich

Die folgende Darstellung soll zeigen, wie sich in den drei beschriebenen Generationen die ‚Bedeutung' zu sechs verschiedenen Attributen verändert hat.

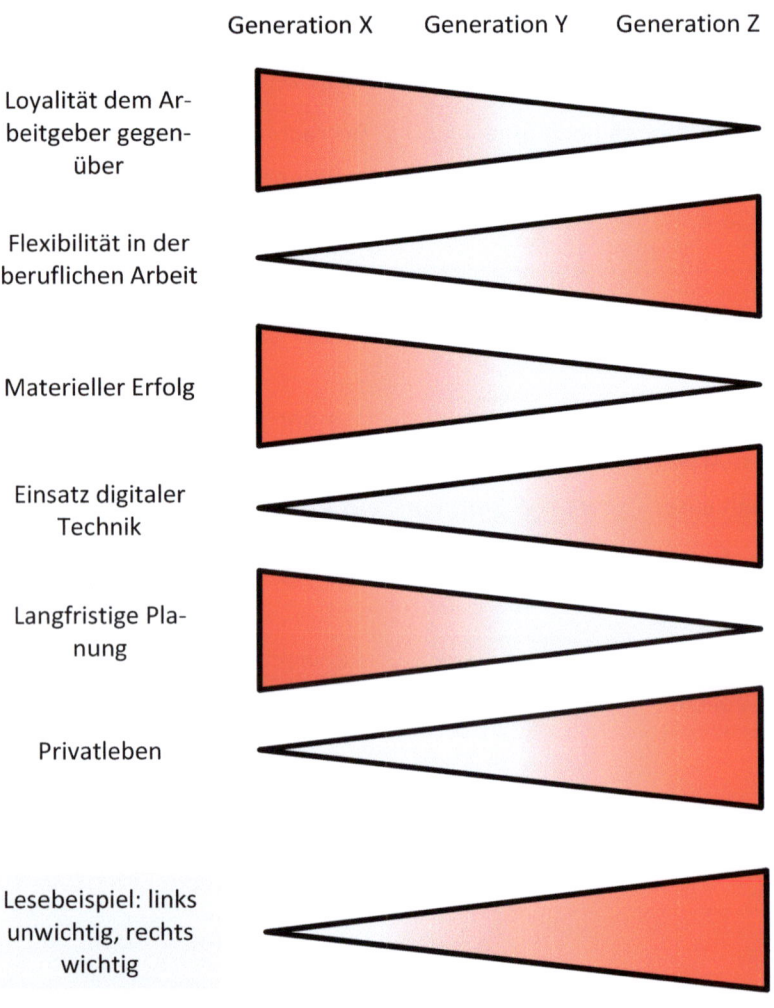

Teil 2 – Das vertrauensvolle Arbeitsverhältnis untereinander und der zeitgemäße Umgang miteinander

Die Software Mensch erwartet Soft Skills

Motivation und Vertrauen

> *Die Seele aller gelingenden Tätigkeit ist doch das tiefe Selbstvertrauen.*
> **Friedrich Wilhelm Christian Carl Ferdinand Freiherr von Humboldt, preuß. Gelehrter (1767 - 1835)**

Alte Führungsmodelle über Bord werfen!

Wenn Sie das Zitat von Humboldt hören, werden Sie möglicherweise an den Bruder Alexander von Humboldt (Friedrich Wilhelm Heinrich Alexander von Humboldt, 1769 – 1859) denken, der als deutscher Naturforscher um die halbe Welt reiste, um uns von dort viel Unbekanntes und Neues mitzubringen.

Der hier Zitierte, ein bekannter preußischer Gelehrter, spricht von Selbstvertrauen. Seiner Meinung nach scheint dieses außerordentlich wichtig zu sein, um zum Erfolg zu gelangen. Jeder ist demnach erst einmal für sich selbst verantwortlich. Da wir nun mal nicht allein auf der Welt leben, arbeiten wir mit anderen Menschen zusammen. Damit uns die Zusammenarbeit möglichst optimal gelingt, haben kluge Wissenschaftler, Forscher und Denker ganz tolle Arbeitsmodelle entwickelt, die helfen sollen, Mitarbeiter vernünftig zu führen.

Modelle ade

Es klingt traurig, aber es ist wahr: Denn diese unglaublich vielen, teilweise sehr schönen und praktisch einsetzbaren Modelle rund um das Thema Führung nutzen kaum mehr. In ihnen wurde überlegt, ob die Führungskraft autoritär oder Laissez-faire vorgehen soll.

Teil 2 – Arbeitsverhältnis untereinander

Wie weit sollte motiviert und delegiert werden? Welche Modelle helfen, die Arbeitskraft optimal einzubinden? Hier ein zusammengefasstes Beispiel nach dem polnischen Psychologen Kurt Tsadek Levin (1890 – 1947), sowie vertieft von Robert Rogers Blake (1918 – 2004, US-amer. Psychologe) und Jane Srygley Mouton (1930 – 1987, US-amer. Wirtschaftswissenschaftlerin).

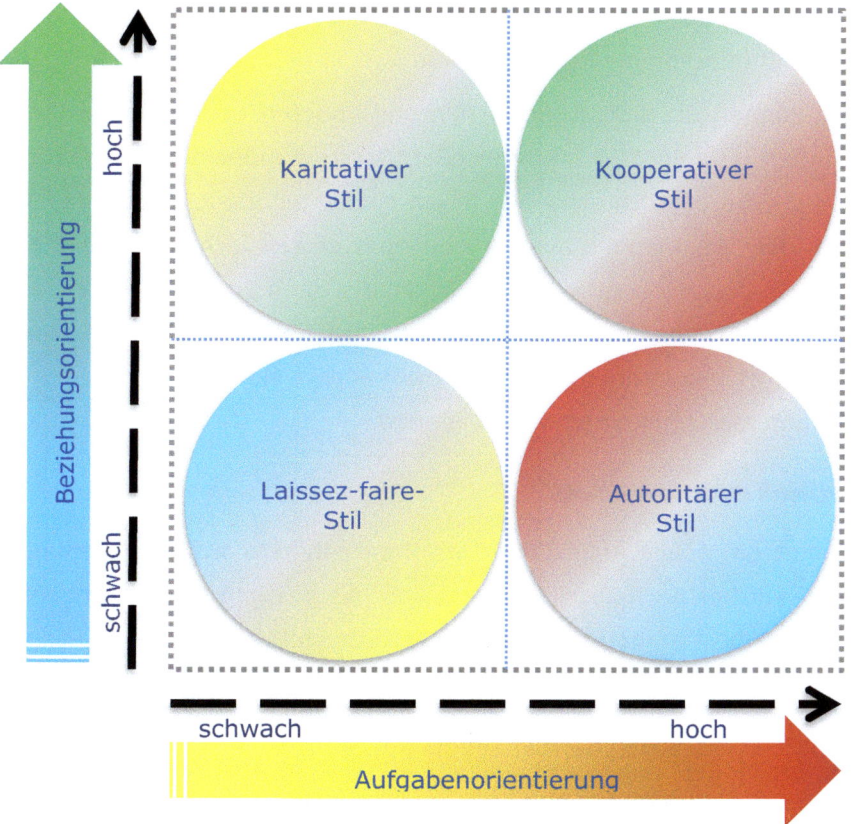

Allein das Alter dieser Wissenschaftler lässt vermuten, dass in der heutigen Zeit ein anderer Führungsstil und damit ein anderer Umgang mit Mitarbeitern notwendig sind.

Natürlich gibt es aktuell noch Hunderte, vielleicht Tausende Unternehmen, die nach dem einen oder anderen Führungsmodell arbeiten. Das hat in der Vergangenheit offensichtlich ja auch weitestgehend geklappt. Obwohl diese Modelle an den Universitäten noch gelehrt werden, sind viele von ihnen einfach nicht mehr zeitgemäß. Zu ihrer Zeit hatten sie ihre Berechtigung. Das schließt allerdings nicht aus, dass aus jedem Führungsmodell der eine oder andere Punkt in einen zeitgemäßen Führungsstil übernommen werden kann.

Nun können Sie sich zurückziehen und anderen Überlegungen Raum schaffen. Es zeigt sich immer wieder, dass ein mündiger Beschäftigter sich außerordentlich schwierig in ein Modell einbringen lässt, das aus 3, 4, oder wenn es ein ausführlicheres Modell ist, acht Typen besteht. In der Typologie ist es klar, dass ein Modell dann umso greifbarer wird, je weniger Typen deutlich beschrieben werden. Das hilft den Einzelnen, sich selbst einzuordnen, allerdings auch andere Menschen in ihren Stärken unterstützend einsetzen zu können.

Typisch oder individuell?

Kommt ein neuer Angestellter ins Unternehmen, wurde beziehungsweise wird er nach Typologie-Modellen als bestimmter Typ eingeordnet. Eine bestimmte Erwartungshaltung entsteht. So oder so muss mit ihm umgegangen werden. Nun wissen wir allerdings auch, dass der Arbeitsmarkt nicht nur aus drei, vier Typen besteht, sondern aus hunderten Individuen mit verschiedenen Persönlichkeitsmerkmalen. Ist es wirklich richtig, diese in ein gedankliches Modell zu drücken? Beschneiden wir dadurch nicht automatisch die Fähigkeiten und Stärken eines Einzelnen? Wie soll alternativ umgegangen werden? Das ist natürlich außerordentlich schwierig zu beantworten, da sich dadurch sofort wieder ein neues Modell entwickeln würde.

Teil 2 – Arbeitsverhältnis untereinander

Ganz sicher kann festgehalten werden, dass bestimmte Verhaltensmuster wie Macht, Kontrolle, Misstrauen, Eifersucht, Neid und andere das Arbeitsverhältnis untereinander massiv stören. Immer wieder wird kritisiert, dass viel zu viel organisiert und verwaltet wird und gleichzeitig das ‚Tun' auf der Strecke bleibt.

Im Umkehrschluss bedeutet das, der Vorgesetzte bringt den Mitarbeitern eine deutliche Wertschätzung entgegen und auch untereinander wird Respekt gezeigt. Dazu gehören neben guter Laune selbstverständlich zeitgemäße Umgangsformen wie auch Anerkennung der anderen. Transparenz und Ehrlichkeit sollten als Selbstverständlichkeit gelten. Wenn der Einzelne eigenverantwortlich handeln kann, das Gefühl hat, Sinnvolles zu tun, dabei seine Arbeitszeiten flexibel einsetzen kann, sind wir auf dem richtigen Weg.

Einige mögen nun sagen: „Wenn ich jeden machen lasse, was er will, weshalb bin ich dann selbst noch da? Da fehlt ja total die Kontrolle!" Nun, zum ersten Teilsatz. Sicherlich geht es nicht darum, dass jeder gerade machen kann, was er will. Wenn Ziel oder Vision klar gesteckt sind und der Weg dorthin immer wieder mit dem Vorgesetzten abgestimmt wird, verliert dieser nicht seine Daseinsberechtigung.

Durch die immer wieder stattfindende Abstimmung wird gleichzeitig eine Kontrolle gegeben. Es gehört Mut dazu, einen Beschäftigten (im weit gesteckten Rahmen) handeln zu lassen, denn der Vorgesetzte verliert tatsächlich unter Umständen den Überblick über die einzelnen Details. Das bedeutet, Vertrauen beziehungsweise Offenheit und Ehrlichkeit untereinander müssen deutlich in den Vordergrund der Zusammenarbeit rücken.

Gleichzeitig öffnen sich für den Vorgesetzten neue Zeitfenster für andere Arbeiten, da er nicht alles im Detail wissen muss.

Bonus, Malus und Motivation

Inwieweit ist Motivation im eigentlichen Sinne notwendig?

Klassischerweise wird von intrinsischer und extrinsischer Motivation gesprochen. Die intrinsische Motivation wird vom Einzelnen von ‚innen' heraus entwickelt und gelebt. Wer intrinsisch motiviert ist, hört sich sagen: „Ich will das erreichen." „Ich mache das gerne – die Arbeit bereitet mir Freude." „Ich kann mich mit meinen Ideen ausleben." Und ähnliche Aussagen/Gedanken.

Die extrinsische Motivation hingegen erfolgt durch Lob, Bezahlung, Statusinsignien wie Dienstwagen, größeres Büro usw. und eventuell Bonuszahlungen.

Das Wort Bonus ist als Kurzform von Bonuszahlung (lateinisch gut – Plural Boni oder Bonusse) zu sehen. Im Gegensatz zum Bonus gibt es den Malus (malus: lateinisch schlecht – Plural die Malus oder Malusse); zum Beispiel würde Lohn abgezogen. Ein Bonus soll die Motivation steigern. In der Regel ist er verknüpft mit der Erreichung irgendeines Ziels, häufig gekoppelt mit erreichten Umsatzzahlen. Hier handelt es sich um eine deutliche extrinsische Motivation.

Bonuszahlungen wirken sich negativ aus

Bonuszahlungen sollen sich tatsächlich negativ auswirken? Wie ist das denkbar? Jeder, der einen Bonus erhält, sollte doch froh sein und damit motiviert oder noch motivierter als bisher seine Arbeit fortsetzen. Wie ist es tatsächlich?

Einen Bonus sozusagen als Lockmittel vor der Nase zu haben bedeutet, das Ziel schnellstens zu erreichen. Also setzt der Mitarbeiter Vieles (Alles?) dran, um eben diesen Bonus zu erhalten.

Teil 2 – Arbeitsverhältnis untereinander

Das bedeutet in Folge: Wer einen Bonus erzielen kann, geht risikoreicher vor als sonst. Das hat einerseits den Vorteil, neue, ungeplante Schritte zu gehen. Auf der anderen Seite besteht das deutlich erhöhte Risiko des ungeplanten oder unüberlegten Vorgehens und damit der Möglichkeit des Scheiterns. Hier soll die Finanzkrise aus den Jahren 2007/2008 als warnendes Beispiel stehen.

Besonders in Krisensituationen zeigt sich, dass der Mensch eine noch höhere Bereitschaft hat, ein Risiko einzugehen, vor allem dann, wenn – bei Erfolg – ein Bonus winkt. Und vor allem, wir reden von einem Bonus, nicht von einem Malus bei negativem Ergebnis. Das bedeutet, dass der nach dem Bonus Strebende genaugenommen kein oder fast kein Risiko eingeht.

In jüngster Vergangenheit zeigten sich immer wieder Beispiele, dass trotz negativer Unternehmensentscheidungen und daraus entstandenen großen Herausforderungen im Sinne von Image-Verlust und Ausgleichen von entstandenen Schäden horrende Bonuszahlungen erfolgen sollten.

In bekannt gewordenen Fällen sollten Manager viermal so hohe Bonuszahlungen erhalten, als im Basisgehalt festgelegt war.

Wir sprechen von einem Basisgehalt von über 1 Million Euro pro Jahr. Pro Jahr! – Sie können die Bonuszahlungen hochrechnen und so leichter verstehen, weshalb einige der betroffenen Manager trotz Unternehmenskrise auf der vertraglich zugesicherten Bonus-Zahlung bestanden.

Intrinsische Motivation benötigt keine Bonuszahlungen

Wer intrinsisch motiviert ist, bringt gute Leistung, ohne auf Bonuszahlungen schielen zu müssen. Eine Bonuszahlung beeinflusst demnach nur bedingt sein Handeln.

Das heißt aber nicht, dass sich der Unternehmer freudestrahlend die Hände reibt und denkt, dass er nun ohne Bonusleistungen sehr viel Geld sparen kann.

Lassen Sie uns diese Überlegung so weit akzeptieren, dass es tatsächlich so ist, dass der Unternehmer über die gesparten Bonuszahlungen Geld (vielleicht sogar sehr viel Geld) nicht als Ausgabe verbuchen muss. Dieses Geld lässt sich sicherlich an anderer Stelle im Unternehmen investieren. Und genau diese Investitionen schaffen es, die Menschen der Generation Z in ganz anderer Form ihre Arbeit ausführen zu lassen.

Ein Umdenken ist notwendig.

Vertrauen versus Kontrolle

Bestimmt kennen Sie die Lenin zugeschriebene (Wladimir Iljitsch Uljanow, 1870 – 1924, sowjetrussischer Regierungschef) Redewendung „Vertrauen ist gut, Kontrolle ist besser". Nach diesem Prinzip handeln heute noch viele Chefs.

Sie sind der Meinung, dass ohne Kontrolle der Mitarbeiter macht, was er will – selbstverständlich zu Lasten des Arbeitgebers. Wir haben bereits weiter oben festgehalten, dass eine gewisse Kontrolle selbstverständlich gegeben sein muss.

Allein durch immer wiederkehrende Gespräche mit dem Mitarbeiter über die gesteckten Ziele ist automatisch eine Kontrolle gegeben.

Es spricht bestimmt auch nichts dagegen, wenn – nennen wir es einmal – stichprobenartige Kontrollen durchgeführt werden.

In einem offenen Arbeitsverhältnis, das in einem Klima der Ehrlichkeit und des Vertrauens besteht, können diese Stichproben auf ein Minimum reduziert werden.

Teil 2 – Arbeitsverhältnis untereinander

Vertrauen muss gelebt werden

Aber wie ist das nun mit dem Vertrauen? Kann ich einfach sagen: „ich vertraue." Lässt sich so etwas bestimmen? Nein. Vertrauen kann nicht bestimmt werden. Vertrauen muss gelebt werden. Und Vertrauen ist gegenseitig. Der Vorgesetzte vertraut seinem Mitarbeiter, der Mitarbeiter setzt allerdings auch Vertrauen in den Vorgesetzten. Zum Beispiel, indem er ihn unterstützt, ihm hilft, ihm den Rücken frei hält und Vergleichbares.

Zu Beginn der Zusammenarbeit wird besprochen, wie sich beide ihre Zusammenarbeit vorstellen. Dabei wird auch über gegenseitige Erwartungshaltungen gesprochen, um Enttäuschungen möglichst zu vermeiden. Je klarer der Mitarbeiter weiß, welche Ziele er verfolgen soll, desto eher wird er genau diese vor Augen haben und entsprechend verfolgen.

Wird der Mitarbeiter auf dem Weg zur Erreichung des Ziels eine neue, zuvor nicht besprochene Option erkennen, soll es ihm freigestellt sein, diese zu verfolgen. Selbstverständlich wird er seinen Vorgesetzten bei nächster Gelegenheit informieren. Und hier zeigt sich, ob beide verstanden haben mit der neuen Art der Führung umzugehen.

Erkennt der Vorgesetzte, dass die gefundene Option Vorteile zur bisherigen Vorgehensweise zeigt oder zeigen könnte? Hat er, wie der Mitarbeiter natürlich auch, die Flexibilität, die neue Option zu berücksichtigen beziehungsweise zu bearbeiten?

Kann der Vorgesetzte das Risiko eingehen, dem Mitarbeiter diese Freiheit zu lassen auch unter dem ‚Risiko', dass hier möglicherweise Zeit und andere Ressourcen verschwendet werden?

Genau das ist der Punkt, um den es in diesem Zusammenhang geht. In den bisher üblichen relativ starren Strukturen ist das kaum möglich.

In endlosen Meetings müsste das mit allen möglichen Menschen besprochen werden. Einwände müssten überwunden werden, Kompromisse würden eingegangen. Zwangsläufig wird die gefundene Option so weit zurechtgestutzt, bis die Entscheidungsträger und jene, die denken dazuzugehören, zufrieden sein können. Das Ergebnis ist deutlich verwässert.

Vertrauen versus Misstrauen

Nach den bisherigen Überlegungen ist es sinnvoll, sich noch ein wenig mit dem Thema Vertrauen zu befassen. Genauso wenig wie Vertrauen sich befehlen lässt „vertraue!", ist es schwierig zu sagen: „ab sofort vertraue ich." Erst wenn ich wirklich verstanden habe, was Vertrauen bedeutet, kann ich entsprechend vorgehen.

Das Gegenwort zu Vertrauen ist das Wort Misstrauen. Weshalb misstraut der Mensch anderen Menschen oder bestimmten Dingen und Sachverhalten?

- „Ist die Zielgruppe finanzstark und interessiert genug, um genügend Umsatz erzielen zu können?"
- „Hält mein Team dem Druck der Projektarbeit stand?"
- „Werde ich nicht irgendwo übervorteilt?"

Woher kommt dieses Misstrauen? Offensichtlich muss es schon einmal eine Situation gegeben haben die zeigt, dass ich übervorteilt wurde. Oder es konnte bei einem anderen beobachtet werden. So basiert das Misstrauen auf Erfahrungswerten, die gesammelt werden konnten.

Misstrauen wird gelernt

Das Kleinkind muss ohne diese Erfahrungswerte ins Leben einsteigen. Im täglichen Leben lernt es Misstrauen aufzubauen. So ist wohl zu Beginn des Lebens ausschließlich das Vertrauen gegeben.

Teil 2 – Arbeitsverhältnis untereinander

Babys müssen sich 100-prozentig auf die Mutter verlassen können. Und sie tun es auch. Missbraucht die Mutter das Vertrauen, wird das Kind unter Umständen einen erheblichen, vielleicht sogar tödlichen Schaden nehmen können. Das Kind wächst heran und seine Eltern, Geschwister, Bekannte und Freunde werden vor bestimmten Situationen warnen.

- „Pass auf das Auto auf!"
- „Fass den Hund nicht an!"
- „Nimm keine Süßigkeiten von Fremden an!"

Je älter das Kind wird, desto misstrauischer muss es werden. Es misstraut nun auch Menschen. Menschen, die sich anders verhalten oder anders aussehen als das Kind selbst. Stereotypen werden gebildet und gefestigt. Aversionen und Feindseligkeiten werden aufgebaut.

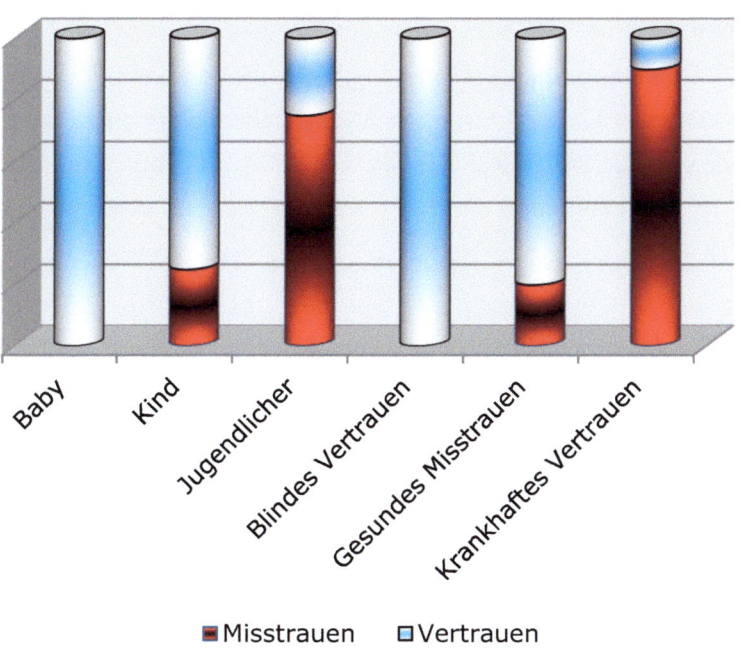

Gesundes Misstrauen

„Ein gesundes Misstrauen ist hilfreich", so heißt es. Das ‚gesunde' Misstrauen kann vor kritischen Situationen bewahren und Unfälle vermeiden helfen.

Es schützt sozusagen das eigene Leben. Passiert hingegen tatsächlich etwas, hören wir Aussagen wie: „Das habe ich schon vorher gewusst."

Es gibt auch noch das ‚ungesunde' oder ‚krankhafte' Misstrauen. Die Furcht davor, dass alle und jeder versuchen, einen zu überrumpeln, auszunutzen, zu schädigen, zu bestehlen, zu verletzen usw.

Müssen wir demnach lernen, Vertrauen zu können? Ist es richtig, wenn jemand sagt: „Ich vertraue jedem blind"?

Das hört sich zuerst gut an. Ist bei 100 Prozent Vertrauen noch eine Weiterentwicklung möglich?

Bei vollem Vertrauen muss sich ja um nichts mehr gekümmert werden. Es muss nichts hinterfragt werden. „Wird schon klappen, irgendwie". Situationsbedingt ist es vielleicht doch richtig, 100-prozentig zu vertrauen. Im Brandfall kann den Feuerwehrleuten blind vertraut werden.

Bei einer Operation sollte dem Arzt uneingeschränktes Vertrauen geschenkt werden. Gegebenenfalls legt einer sogar sein Leben in die Hände eines Arztes. Und dem Piloten wird auch vertraut, soll er den Passagier doch wohlbehalten ans Ziel bringen.

Vertrauen schenken

- Ich schenke einem anderen Menschen Vertrauen.
- Ich vertraue darauf, dass in meinen Brötchen keine Giftstoffe verarbeitet werden.
- Ich vertraue darauf, dass mir mein Friseur keine Schneise in die Haare schneidet.

Teil 2 – Arbeitsverhältnis untereinander

- Ich vertraue darauf, dass mich der Steg problemlos über den Bach trägt.
- Ich schenke anderen, manchmal sogar fremden Menschen Vertrauen, indem ich auf deren Professionalität, deren Ehrlichkeit oder deren Integrität vertraue.

Fremdvertrauen

Sobald jemand mit einem anderen zusammen etwas erledigt, sollte er ihm vertrauen können. Der Kletterer an der Kletterwand wird von seinem Freund gesichert. Im Fall des Abrutschens fängt der Freund den Kletterer auf.

Ohne das Fremdvertrauen gegenüber seinem Freund dürfte der Kletterer die Kletterwand gar nicht erklimmen. Soll eine Team-Arbeit erfolgreich sein, ist Fremdvertrauen eine Voraussetzung für das gute Ergebnis.

Selbstvertrauen

Andererseits braucht der Mensch auch Vertrauen in seine eigenen Fähigkeiten. Hier wird von Selbstvertrauen gesprochen. Wer sich im Sinne des Selbstbewusstseins seiner eigenen Stärken bewusst ist kann sich selbst vertrauen.

Das eigene Selbstvertrauen steigert sich mit ausgebautem Selbstbewusstsein. Je besser ich mich einschätzen kann, desto mehr kann ich mir zutrauen.

Oben wurde geschrieben, dass Vertrauen geschenkt werden kann. „Ich schenke dir Vertrauen". Lässt sich Vertrauen kaufen? Zum Beispiel in Form von Sicherheit wie Airbags, Tresoren, Bodyguards?

Vertrauen übertragen

Hingegen ist Vertrauen übertragbar. „Das ist mein bester Freund. Dem kannst du vertrauen." Andere verlangen erst einen Vertrauensbeweis. „Wenn du das Vertrauen dieser Gruppe genießen willst, musst du erst ..." Die klassischen Mutproben sollen das beweisen.

Im kriminellen Milieu kann da ganz schnell Ungesetzliches verlangt werden.

Vertrauensbeziehungen

Manche Menschen bauen eine – manchmal unerwünschte – Vertrauensbeziehung auf. „Im Vertrauen gesagt ..."

Plötzlich ist der Angesprochene um ein Geheimnis reicher. Nicht immer ist er glücklich über diesen Informationsgewinn. Denn nun weiß er ja zum Beispiel über eine dritte Person etwas Vertrauliches.

Die dritte Person weiß aber nicht, dass nun der Angesprochene etwas von ihr weiß.

Wie verhalten diese beiden sich, sobald sie einander treffen? Macht hier nicht einer dem anderen etwas vor?

Wenn Sie, liebe Leserin, lieber Leser, nicht in eine solche, teilweise unangenehme Situation geraten wollen, zeigen Sie deutlich, dass Sie keine Geheimnisse ‚im Vertrauen' wissen wollen.

Sie werden dann vielleicht nicht alles mitbekommen, was so rund um Sie herum geschieht. Aber dafür belasten Sie Ihr Gewissen nicht. Und Sie wissen ja: Ein gutes Gewissen ist ein sanftes Ruhekissen.

Egal, ob Sie Kollege oder Vorgesetzter sind, können Sie hier in Gewissenskonflikte geraten. Selbstverständlich sollen Sie das Vertrauen, das Ihnen gegenüber gebracht wird, nicht verletzen.

Teil 2 – Arbeitsverhältnis untereinander

Andererseits soll derjenige, der mit Ihnen redet, offen und ehrlich reden. Er muss sozusagen von vorn herein sicher sein, dass die übermittelten Informationen – bei Bedarf – vertraulich behandelt werden.

Sie selbst sollten klarstellen, dass Sie keinerlei Interesse daran haben, auf Gerüchte-Ebene in ein Gespräch einzusteigen. Machen Sie klar, dass das, was Ihnen gesagt wird, wenn nötig natürlich, an anderer Stelle weiter verwendet werden darf.

Sonst soll es Ihnen nicht gesagt werden. Sie selbst müssen dabei entscheiden, ob die Ihnen übermittelte Nachricht tatsächlich nur für Ihre Ohren bestimmt ist. Dann bleiben die Informationen natürlich zwischen Ihren beiden Ohren.

Dimensionen des Vertrauens – Vertrauensgeber und Vertrauensnehmer

Wir haben einen Menschen, der Vertrauen schenkt oder gibt. Er ist der Vertrauensgeber. Der Beschenkte ist der Vertrauensnehmer. Obwohl es schwirig ist, Vertrauen verbal zu greifen, werden überwiegend drei Bereiche des Vertrauens unterschieden.

Situationsbasiertes Vertrauen

Ich vertraue aufgrund der Situation einer Situation. Nach dem Durchdenken der gegebenen Möglichkeiten, nach Abwägen von Pro und Contra wird entschieden. Gesammelte Informationen, aufmerksames Zuhören und Hinsehen machen es leichter, Vertrauen zu schenken.

Eigenschaftsgebundenes Vertrauen

Ich bin bereit, dem Gegenüber zu vertrauen. Aufgrund der Eigenschaft, der Fähigkeiten, des Wissens des Gegenübers. Es ergibt sich sozusagen ein Vertrauensvorschuss, den ich in das Gegenüber investiere. Hierbei lassen sich wieder drei Bereiche unterscheiden:

- Kompetenz-Erwartung: Der Operateur hat große Erfahrung und ebenso große Erfolge vorzuweisen. Der Patient vertraut der Fachkompetenz des Arztes. Dieses Vertrauen kann sich auch in einer Verkaufssituation bilden. Es liegt ein wechselseitiges Eigeninteresse vor.

    Der Käufer vertraut dem Produkt. Er geht davon aus, dass der Händler ihm ein gutes Produkt verkauft. Der Händler vertraut auf das zugesagte Geld.

    Er geht davon aus, dass der Kunde ihm die Ware bezahlen wird.

Teil 2 – Arbeitsverhältnis untereinander

- Integritäts-Erwartung: Es wird davon ausgegangen, dass das Gegenüber ‚sauber', eben integer, ist. Dass es keine versteckte Manipulation betreibt und den Gesprächspartner nicht übers Ohr hauen will.

  Wollen zwei junge Leute zusammen ein Start-Up-Unternehmen gründen, müssen sie sich komplett aufeinander verlassen können und davon ausgehen, dass jeder das Maximum seiner Fähigkeiten einbringt.

- Wohlwollen-Erwartung: Wohlwollen kann mit Benevolzenz, mit Geneigtheit oder dem guten Willen bezeichnet werden. Wenn eine Person einer anderen helfen will oder wenn sie ehrenamtlich tätig ist, zeigt sie ein Wohlwollen der anderen Person gegenüber.

  Der Vertrauensnehmer nimmt an, dass ihm der Vertrauensgeber Gutes angedeihen lassen will. Der Vertrauensgeber fühlt eine gewisse Zuneigung dem Vertrauensnehmer gegenüber.
  (Roger C. Mayer, James H. Davis und F. David Schoorman)

Identifikationsbedingtes Vertrauen

Ich vertraue aufgrund der Identifikation mit dem Gegenüber.

Das neue Vereinsmitglied vertraut den anderen Mitgliedern. Diese kennen bereits alle ungeschriebenen Regeln im Verein und zeigen Interesse, das neue Mitglied schnell zum vollwertigen Teil des Vereins werden zu lassen.

Gesammelte Erfahrungen mit einer anderen Person aus früheren Zusammenkünften können dieses Vertrauen ebenso aufbauen. Menschen, die sehr lange zusammen arbeiten oder zusammen leben und ihre Gefühle äußern, schaffen ein positives Klima, um gegenseitiges Vertrauen aufzubauen.

Das ABCD-Vertrauens-Modell nach Blanchard

Ken Blanchard, Cynthia Olmstead und Martha Lawrence sind die Autoren eines Buches namens ‚Trust Works, Vertrauen funktioniert!' Sie sehen vier Schlüssel (Dimensionen), um dauerhaftes Vertrauen zu gewährleisten.

Die vier Dimensionen lauten: **A**ble, **B**elievable, **C**onnected und **D**ependable. Die vier Dimensionen müssen erfüllt sein, um Vertrauen aufzubauen.

Able (Fähigkeit)	• Erfahrung sammeln • Fähigkeiten entwickeln • Andere unterstützen • Probleme lösen • Das Beste geben
Believable (Glaubwürdigkeit)	• Ehrlich sein • Nicht lästern • Respekt zeigen • Fehler zugeben • Vertrauliches behalten
Connected (Verbundenheit)	• Aktiv zuhören • Interesse zeigen • Einfühlsam sein • Lob aussprechen • Offen sein
Dependable (Verlässlichkeit)	• Organisiert sein • Ansprechbar sein • Absprachen einhalten • An der Sache bleiben • Verantwortung übernehmen

Teil 2 – Arbeitsverhältnis untereinander

Vertrauen aufbauen

Um diesen Themenbereich abzuschließen, sollen nach dem eben beschriebenen Modell und allen Überlegungen drei Schritte gezeigt werden, wie Sie Vertrauen zügig aufbauen können.

1. Schritt	Signalisieren Sie dem anderen, dass Sie aufmerksam sein werden. Hören Sie aktiv zu, fragen Sie nach und zeigen Sie Interesse an der Sache und dem Menschen.
2. Schritt	Handeln Sie transparent. Erklären Sie nachvollziehbar Ihre Vorgehensweise und Ihre Ziele. Binden Sie den anderen mit ein und lassen Sie Rückfragen zu. Verheimlichen Sie möglichst nichts und halten das Gegenüber informiert.
3. Schritt	Bauen Sie eine dauerhafte Beziehung auf. Halten Sie den anderen über Ihre Werte, Ideale und Ziele informiert. Binden Sie das Gegenüber mit ein und damit an sich und Ihre Ideen.

Durch das gezeigte Vertrauen bildet sich eine vertrauensvolle Beziehung. Diese vertrauensvolle Beziehung baut eine stabile und <u>persönliche</u> Beziehung auf. Der Mitarbeiter spürt die Veränderung und merkt, dass er geschätzt wird. So fällt es ihm viel leichter, Fehler zuzugeben oder Unwissen zu offenbaren.

Er wird sich eher trauen, auf Unstimmigkeiten hinzuweisen, sodass auch der Vorgesetzte profitiert, weil er nun viel ehrlichere Rückmeldung erhält.

Viele der Punkte, die mit Vertrauen zu tun haben, finden sich im vernünftigen Umgang mit der Generation Z wieder.

Offen, ehrlich und transparent

Offenheit verdient immer Anerkennung.
Otto Eduard Leopold Fürst von Bismarck, dt. Staatsmann
(1815 - 1898)

Ehrlich sein versus Lügen verbreiten

Die ‚Welt am Sonntag' schreibt am 23.08.2015 beruhigende Worte: „Schwindeln macht das Sozialleben erst erträglich.

Sogar in der Beziehung ist es mitunter ratsam, die Wahrheit zu vertuschen." Dann sind wir ja fein raus, oder?

200 Lügen am Tag?

Laut Professor Peter Stiegnitz (1936 – 2017), Lügenforscher aus Ungarn, lügen Menschen etwa 200 Mal am Tag.

Seiner Meinung nach sagen Männer rund zwanzig Prozent häufiger die Unwahrheit als Frauen, da Männer angeblich eher erst reden und dann denken.

Ein Kind beginnt erst im Alter zwischen drei und fünf Jahren an zu lügen, sobald es erkennt, dass andere Menschen auch anders denken können.

Es erkennt, dass es sich durch Schwindeln oder Lügen einen Vorteil verschaffen kann. Dies wird ‚Theorie des Verstands' genannt.

Teil 2 – Arbeitsverhältnis untereinander

Baby	3 – 5 Jahre	Erwachsene	Erwachsener	80-Jährige	80-Jähriger
0 Lügen	Vielleicht 10 Lügen am Tag	160 Lügen pro Tag	Angeblich 200 Lügen pro Tag*	Hat 4,5 Millionen Mal im Leben gelogen	Kommt auf etwa 5,5 Mio. Lügen im Leben

* Bei 7,5 Milliarden Menschen auf dieser Welt sind das 1,5 Billionen Lügen – und zwar täglich.

Weshalb lügt der Mensch?

Offensichtlich lügt der Mensch, weil er so leichter (und erfolgreicher?) durchs Leben gelangt.

- Dabei kann die Lüge bewusst unwahr sein.
    - egoistische Lüge
    - parteiische Lüge
    - heroische Lüge
- Oder: Eine Lüge bei einer nicht beabsichtigten Falschaussage, zum Beispiel aufgrund falscher Erinnerung eines Sachverhaltes.
- Oder: Eine Lüge kann aufgrund falscher Informationen zustande kommen.

Lügen ... oder unwillkürliche Gesichtsbewegungen.

Beschäftigte aus den Generationen X, Y oder Z lügen aus obengenannten Gründen. Je ‚ehrlicher' miteinander umgegangen werden kann, desto vertraulicher wird die Zusammenarbeit.

Aber – sind Lügen erkennbar? Vielleicht an der Mimik?

Die Grundemotionen starten unbewusst. Der US-Emotionsforscher Paul Ekman (*1934) fand heraus, dass auch bei bewusst eingesetztem Mienenspiel sich unwillkürliche – und damit nicht kontrollierbare – Gesichtsbewegungen einmischen.

Diese halten – laut Ekman – etwa eine dreißigstel Sekunde an und sind für den Laien so gut wie nicht bewusst zu erkennen. Er bezeichnet das als ‚Microexpressions'. Ekman behauptet sogar, dass es 35 Indizien der Mimik, Gestik oder Stimme gibt, die auf eine Lüge hinweisen können.

Also, denken Sie daran: Mimik wird als wichtiges Element der Körpersprache vom Gegenüber gedeutet (unbewusst – und meist richtig). Die innere Bereitschaft, ehrlich mit dem Gegenüber umzugehen, erweist sich auch hier als Vorteil.

Und ein letzter Punkt: Wer die Wahrheit fälscht, muss ein außerordentlich gutes Gedächtnis haben. Die einmal geäußerte Lüge wird von diesem Augenblick an von anderen ja als Wahrheit angenommen.

Das bedeutet, dass alles, was später kommuniziert wird, mit dieser Lüge übereinstimmen muss.

Jemand, der bewusst häufiger lügt, wird im Laufe des Zusammenseins mit anderen ein unglaubliches Lügengebilde aufbauen. Um dieses nicht zum Einsturz zu bringen wird viel Energie aufgewendet und gleichzeitig Stress aufgebaut. Dieser Stress-Aufbau kann sich irgendwann rächen, indem der Körper sich wehrt.

Teil 2 – Arbeitsverhältnis untereinander

Das kann in Form eines körperlichen Leidens bis zur Einschränkung der Herz-Funktion führen oder zum bekannten Problem des Burn-Outs.

Derjenige, der zumindest versucht, weitestgehend die Wahrheit zu sagen, kann relativ frei in jegliche Kommunikationssituation, auch mit Kollegen und Vorgesetzten treten, ohne aus Versehen etwas ‚zu verraten'. Er wird souverän auftreten und schon bald aufgrund seiner Offenheit wertgeschätzt werden.

Feedback geben und Feedback nehmen

Zur Offenheit und Ehrlichkeit untereinander zählt natürlich auch, was ich dem Gegenüber vermittle, was mir gefällt, aber auch das, was mir nicht gefällt.

Eine Rückmeldung soll zeitnah erfolgen. Manch einer traut sich nicht so richtig und sammelt Unangenehmes an mit der Folge, dass es irgendwann einmal platzt oder knallt. Es kann dann zu einem handfesten Krach kommen oder zu einem ernsthaften Kritikgespräch. Umso wichtiger ist es, so bald wie möglich mit dem Betreffenden darüber zu reden, wenn irgendetwas nicht in Ordnung scheint.

Umgekehrt gilt das natürlich auch; wenn dem anderen etwas an Ihnen nicht gefällt. Viele Menschen sind irrtümlich der Meinung, sich in ihrem Verhalten 100 % richtig zu verhalten. Bei sauberer Betrachtung ist das kaum möglich. Ein Individuum hat individuelle Verhaltensmuster, womit es riskiert, dem anderen ungewollt auf die Füße zu treten.

Das heißt, dass jeder akzeptieren soll, wenn ein anderer das Gespräch mit ihm sucht, um ihn auf solche unbekannten Verhaltensmuster hinzuweisen.

Nun ergeben sich zwei Alternativen: Sie warten einfach darauf, bis ein anderer auf Sie zukommt oder Sie fordern das Feedback ein.

In beiden Varianten ergibt sich für Sie die Möglichkeit, eigene – unbekannte – Verhaltensmuster zu bekannten Verhaltensmustern zu machen. Wo ergeben sich Möglichkeiten, ein Feedback einzufordern? Na, an vielen Stellen. Sie hielten eine Präsentation oder leiteten einen Work-Shop.

Bitten Sie anschließend um Feedback der Zuhörer/Teilnehmer. Sie haben ein Projekt beendet, einen Verkauf abgeschlossen. Fragen Sie Ihren Vorgesetzten/Kunden, wie zufrieden er mit Ihrer Vorgehensweise während der Arbeit/Zusammenarbeit war. Was hätte er sich an Ihrem Verhalten anders (besser) vorgestellt?

Was hätte deutlicher formuliert werden müssen, was war überflüssig?

Feedbackgeber und Feedbacknehmer

Damit ein Feedback hilfreich ist, sind bestimmte Spielregeln vernünftig. Erst einmal: Derjenige, der um Feedback bittet, ist der Feedbacknehmer. Derjenige, der es gibt, ist der Feedbackgeber.

Auf das Verhalten des Feedbackgebers haben Sie nur begrenzt Einfluss. Auf das eigene Verhalten schon.

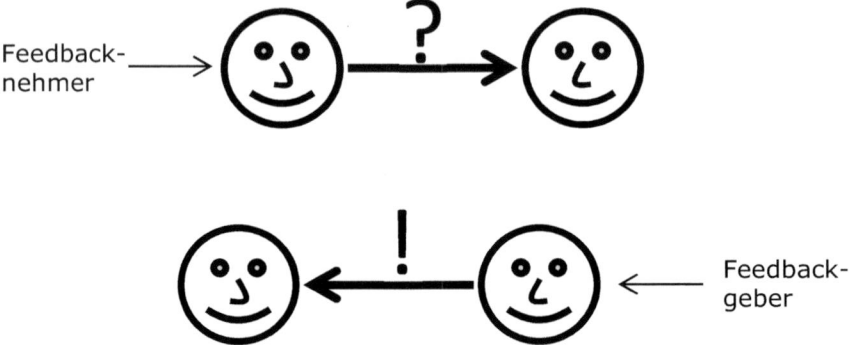

Teil 2 – Arbeitsverhältnis untereinander

Betrachtung 1: Wenn Ihnen jemand ernsthaft Feedback gibt, sich also auch entsprechend Gedanken macht(e), ist das auf jeden Fall schon einmal als positiv zu betrachten.

Also dürfen Sie dem Feedbackgeber nicht böse sein, wenn er, seine Beobachtungen äußernd, Sie Ihrer Meinung nach mit einer Aussage persönlich trifft. Reagieren Sie nicht beleidigt!

Wollen Sie nur Gutes wollen, brauchen Sie kein Feedback. Sie wollen doch <u>wissen</u>, was andere <u>wahrnehmen</u>. Denken Sie daran: „Es ist nicht richtig, was A (also Sie selbst) sagt, sondern was B (also der Feedback-geber) versteht." Akzeptieren Sie deshalb jedes Feedback, ohne den Feedbackgeber auch ‚nur' verbal anzugreifen.

Betrachtung 2: Die Beobachtungen des Feedbackgebers sind verständ-licherweise subjektiv und entsprechen demnach seiner eigenen Wahr-nehmung. Und die muss nicht mit Ihrer Wahrnehmung übereinstim-men. Deshalb gibt es keinen Grund, sich zu rechtfertigen.

Und wenn es noch so schwerfällt: Sie müssen keine Erklärung geben, weshalb Sie so oder so agierten. Das spielt in diesem Moment keine Rolle. Merken Sie sich, was Ihnen der Feedbackgeber sagt – und be-danken sich für das gegebene Feedback.

Sollte Feedbackgeber B eine gegenläufige Wahrnehmung zu Feedback-geber C schildern, bedeutet das nicht, dass einer der beiden falsch liegt, sondern dass beide unterschiedliche Wahrnehmungen haben.

Eine wichtige Erkenntnis für Sie, zeigt sie doch, dass dieselbe Nachricht verschieden aufgenommen werden kann. Je mehr Feedback Sie erhalten, desto mehr stellen Sie fest, wie andere Ihre Verhaltensmuster sehen (und natürlich auch werten).

Mit der Zeit werden Sie immer sensibler in Ihrer Vorgehensweise. Sie werden merken, wie Ihre Umwelt Sie immer mehr wertschätzen wird, erkennt sie doch, dass Ihnen Ihr eigenes Auftreten wichtig ist.

Regeln für den Feedbackgeber

Richtiges Feedback geben ist nicht so einfach, wie es im ersten Augenblick scheinen mag. Wenn Sie um Feedback gebeten werden, sind dem Feedbacknehmer Ihre Beobachtungen wichtig.

Er erwartet nicht unbedingt Ratschläge. Die würde er gegebenenfalls gesondert einfordern. Er erwartet das Widerspiegeln Ihrer Beobachtungen, Ihrer Wahrnehmungen. Also nicht (!) Ihrer Wertungen.

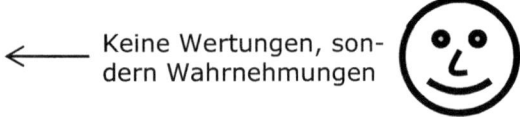

⟵ Keine Wertungen, sondern Wahrnehmungen

Demnach wird ein ordentliches Feedback Ich-bezogen geäußert, verknüpft mit der eigenen Wahrnehmung:

„Ich habe ein zielstrebiges Vorgehen gespürt."

„Für mich waren die Erklärungen gut nachvollziehbar."

„Ich konnte Sie sehr gut verstehen."

Teil 2 – Arbeitsverhältnis untereinander

Vermeiden Sie Du-Botschaften („Sie haben ..."), da hier eine – teils ungewollte – Beschuldigung erfolgt.

„Sie haben kein Fazit gezogen" sagt Feedbackgeber B. Feedbackgeber C widerspricht: „Doch, hat er." Und was stimmt nun? Wenn Sie sagen „Ich habe kein Fazit gehört", dann ist das aus Ihrer subjektiven Sicht korrekt, weil <u>Sie</u> es nicht gehört haben (unabhängig davon, ob ein Fazit tatsächlich gegeben wurde).

Und noch eins: Bleiben Sie in Ihren Rückmeldungen konstruktiv und ehrlich.

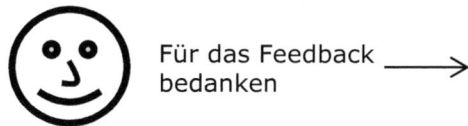

Kommunikation

Durch den konstruktiven Austausch zwischen Mitarbeiter und Vorgesetzten steigt das gegenseitige Vertrauen weiter. Ängste sind weitestgehend abgebaut. Das hat zur Folge, dass Energie nicht mehr in das Kaschieren vermeintlicher Unwissenheit investiert werden muss, sondern zur Erreichung der Ziele.

Haben Sie eine Idee, halten Sie mit dieser nicht hinter dem Berg zurück. Reden Sie mit anderen darüber, lassen Sie Ihre Ideen kritisieren und aus verschiedenen Blickwinkeln beleuchten.

Diskutieren Sie offen über Ihre Idee. Durch diese Vorgehensweise werden Sie schnell merken, ob die eigene Idee begraben werden sollte oder ob Sie nun Ihre Idee verbessert weiterverfolgen können.

Fragen stellen stärkt das Wissen

Wer Fragen stellt, sucht Informationen oder versucht Unklares zu klären. Wissen soll ausgebaut werden – der mentale Horizont wird erweitert.

Fragen zeigen allerdings auch Interesse am anderen. Besonders dann, wenn die Fragen über das Übliche, das Fachliche hinausgehen. Wir bewegen uns hier im emotionalen, im menschlichen Bereich.

Selbstverständlich ist eine gewisse Sensibilität gefragt, wenn es um die Gemütslage oder um Privates geht. Gerade in unserer Kultur tun wir uns hier schwerer als Menschen in anderen Ländern.

Die Gefühlsebene kann, echtes Interesse vorausgesetzt, sehr wohl angesprochen werden. „Wie ist Ihr Gefühl, dieses Projekt anzugehen?" „Denken Sie, Sie verkraften körperlich den ständigen Jetlag nach Ihren Fernreisen?" „Welche Emotionen haben Sie, wenn Sie an das geplante Konfliktgespräch denken?"

Durch ehrliche Antworten wird der Befragte gegebenenfalls verletzbar, zeigt er doch seine Gefühle und seine vermeintlichen Schwächen.

Umso wichtiger ist es, dass eine sehr gute Vertrauensbasis herrscht, damit tatsächlich offen und ehrlich geantwortet werden kann.

Der Befragte darf nicht die Angst haben, dass ihn seine – ehrlichen – Antworten in eine schlechte berufliche Situation bringen, in der er zum Beispiel als empfindsam, als ‚Weichei' oder Ähnliches bezeichnet wird.

Teil 2 – Arbeitsverhältnis untereinander

Fragen machen stark

Meist ist der Vorgesetzte älter als der Mitarbeiter. Oft wirkt es so, dass der Jüngere abhängig vom Älteren ist. Die Praxis zeigt, dass das keineswegs so eindeutig zu sehen ist. Der Ältere steht in deutlicher Abhängigkeit vom Jüngeren, weil er diesen zur Erreichung seiner Ziele braucht.

Die Zeiten, in denen der Vorgesetzte den Eindruck hinterlassen musste, ‚alles zu wissen' sind schon lange überholt. Faktisch ist das auch nicht möglich.

So kommt auch der Vorgesetzte in die vermeintliche Bedrängnis, über gewisse Dinge unwissend zu sein oder nicht den kompletten Durchblick zu haben. Bezogen auf die Unternehmensentwicklung ist es falsch und nachteilig, dieses Unwissen zu kaschieren. Auf Dauer sorgt das für eine Unsicherheit bei den Mitarbeitern, da klare Informationen fehlen. Der moderne und selbstbewusste Vorgesetzte wird nicht zögern, sich bei Unklarheiten entsprechend zu äußern und nachzufragen.

Skeptiker, die nun meinen, dass der Vorgesetzte durch sein Nichtwissen verletzbar wird, mögen im Ansatz ein kleines „ja" bekommen. Damit sind wir allerdings wieder beim oben besprochenen Punkt des Vertrauens angelangt.

Der Vorgesetzte ist kein allwissender Übermensch. Er ist ein Mensch, so wie seine Mitarbeiter auch, lediglich in einer anderen Funktion oder Position. Durch das Klären von Fragen wird er in Wirklichkeit viel stärker.

Nicht nur deswegen, weil er sein eigenes Wissen ausbaut, sondern weil er auch durch die gegebenen Antworten, über das Wissen und die Kompetenz der Mitarbeiter informiert wird.

Ist der Vorgesetzte empathisch aktiv, wird er Stimmungen – und vor allem störende Missstimmungen – sehr schnell erkennen.

Diese Stimmungen können nun besprochen und geklärt werden, bevor sich echte Schwierigkeiten auftun.

Hinterfragen ist erfolgreicher als belehren – und stärkt die vertrauensvolle Zusammenarbeit.

Hören und Zuhören

Die zwischenmenschlich gute Beziehung im Berufsleben ist wichtig. So gehört neben dem Fragen auch das Zuhören zur verständlichen Kommunikation.

Es werden drei Arten des Zuhörens unterschieden:

1. Hören:

Ich höre draußen auf der Straße ein Auto vorbeifahren. Diese Information speichere ich nicht in meinem Gehirn, da sie mir nicht wichtig erscheint.

Deshalb werde ich mich später nicht an das vorbeigefahrene Auto erinnern können.

2. Zuhören:

Ich höre zu, was mir mein Gegenüber erzählt. Aber tatsächlich warte ich nur darauf, zu antworten beziehungsweise entgegnen zu können und lege mir bereits meine verbale Erwiderung in Gedanken zurecht.

Damit schenke ich meinem Gegenüber nur bedingt Aufmerksamkeit, sodass es im Ergebnis zu Missverständnissen kommen kann, weil sich beide nämlich nicht *richtig* verstanden haben.

Teil 2 – Arbeitsverhältnis untereinander

3. Aktiv zuhören:

Ich höre aktiv zu. Bei jeder Aussage meines Gesprächspartners versuche ich zu ergründen, *weshalb* mein Gesprächspartner das sagt, was er sagt. Was steckt hinter den Äußerungen?

Ich versuche, ihn zu *verstehen*. Es gilt für mich, aktiv und mitfühlend zuzuhören – ohne versteckte Signale des Missbehagens auszusenden.

Der Gesprächspartner stellt sich folgende Fragen:

- Kann ich das, was ich aktiv höre, erst neutral auf mich einwirken lassen, ohne gleich zu bewerten beziehungsweise zu beurteilen?
- Entscheide ich mich bereits zustimmend oder ablehnend, während sich mein Gegenüber äußert, indem ich sichtbar nicke oder mit meinem Kopf schüttele?
- Bringe ich die Bereitschaft mit, auch die Meinungen meines Gesprächspartners zu akzeptieren, ohne sie gleich als falsch abzustempeln. Akzeptiere ich andere Meinungen?

Gegenseitiger Respekt im Dialog

Es wird unterstellt, dass beide Gesprächspartner zu einem (gemeinsamen) Ziel kommen wollen. Um mit einem vernünftigen Ergebnis den Dialog zu beenden, wird der Gesprächspartner als gleichwertiger Mensch betrachtet. Für jegliche Dialogform – also auch zwischen ‚Jung' und ‚Alt' – gilt:

- Ich zeige Respekt
  - Es reicht nicht nur, den Gesprächspartner lediglich zu akzeptieren – ich versuche, mich in die Gedankenwelt und die Perspektive meines Gesprächspartners zu versetzen.

Aufgrund der verschiedenen Generationen, ist allein dieser Punkt ein recht schwieriger, der unbedingt beachtet werden sollte, um zu einem vernünftigen Gesprächsergebnis zu kommen.

- Ich bin offen
    - Ich bin offen für neue, andere oder auch meinen Vorstellungen widersprüchlicher Ideen.
    - Ich öffne mich neuen Überlegungen, Ideen und Meinungen.
- Ich bin ehrlich
    - Ich erwarte, dass mich mein Gegenüber nicht anlügt. Dasselbe darf er von mir erwarten. Deshalb bin ich ehrlich in meinen Aussagen.
    - Ich äußere – in korrekter Form – das, was mich wirklich bewegt oder bedrückt.
- Ich bin authentisch
    - Ich verzichte darauf, mich eitel oder arrogant darzustellen.
    - Ich habe es nicht nötig, mit Fremdwörtern zu protzen, intellektuelle Spielchen in den Dialog zu bringen oder mich auf höhere Autoritäten zu beziehen.
    - Ich drohe weder versteckt noch offen.
    - Ich baue keine Feindseligkeiten auf.
- Ich bin interessiert
    - Ich höre aufmerksam und aktiv zu und stelle weiterführende aufrichtige Fragen.
    - Ich vermeide Fragen, die verschleierte Behauptungen oder Schuldzuweisungen bedeuten.
    - Ich verteile keine versteckten Spitzen und haue nicht in offene Wunden.

Teil 2 – Arbeitsverhältnis untereinander

- - o Ich bin wirklich aufgeschlossen und neugierig darauf, was mein Gegenüber in den Dialog einbringt.
- Ich stelle mit Hilfe aller fünf Sinne dar
  - o Mein Ziel ist es, dass mein Gegenüber möglichst genau das versteht, was ich darstellen will. Deshalb erkläre ich meine Gedankengänge, anstatt sie nur als Ergebnis zu präsentieren.
  - o Ich stelle meine eigenen Überlegungen dar, schildere meine Annahmen und zeige die entstehenden Vorteile dieser Überlegungen auf.
  - o Ich führe die Quellen und Beobachtungen meiner Argumentationen auf.
  - o Ich bringe alle fünf Sinne mit ins Gespräch: So kann mein Gegenüber plastischer und bildhafter verstehen.
- Ich überlege meine Äußerungen
  - o Wenn ich etwas sagen will, achte ich darauf, woher der Impuls kommt, das zu sagen, was ich zu sagen beabsichtige. Das heißt, dass ich ständig bewusst auf meine eigenen Gefühle achte.
  - o Ich überlege, welche Motivation meinem Impuls zugrunde liegt.
  - o Ich kläre meine Motive, am besten schon vor Gesprächsbeginn.
  - o Ich berücksichtige, dass meine Meinung der Meinung meines Gesprächspartners widersprechen kann. Ich nehme mir vor, weiterhin offen für andere Ansichten zu bleiben.
  - o Ich überlege mir, ob ich meinem Gesprächspartner verdeutlichen kann, wie sich meine Meinung gebildet hat.

- Ich beobachte mich selbst
    - Während des kompletten Dialogs beobachte ich mich immer wieder von außen.
    - Wie sieht mich mein Gegenüber?
    - Versteht er alles so, wie ich es meine?
    - Strahle ich negative Körpersignale – Körpersprache aus? Falls ja, stelle ich diese negativen Körpersignale ab und wandele sie in positive.
    - Verläuft die Kommunikation – verbal wie nonverbal – ungestört?
- Ich lasse meinen Gesprächspartner ausreden
    - Ich falle meinem Gegenüber nicht ins Wort.
    - Ich höre aufmerksam und interessiert zu und lasse ihn ausreden.
    - Ich berücksichtige, dass jeder Gesprächsteilnehmer das Recht hat, seine Meinung zu äußern und dafür die gleiche Redezeit benötigt wie ich selbst auch.
    - Ich gestehe meinem Gegenüber das Recht zu, nachzufragen.

Wenn Sie sich in jeglicher Dialogform an diese Regeln halten, dürften Dialoge weitestgehend aggressionsfrei verlaufen und sich zielorientiert entwickeln. Sie können stressfrei und erfolgreich miteinander kommunizieren.

Vielen Vorgesetzten fällt es sowieso schon schwer, sauber miteinander zu kommunizieren. Kritikgespräche leiden deswegen sehr oft unter dieser unprofessionellen Vorgehensweise und bringen dadurch nicht das gewünschte positive Ergebnis. Im Gegenteil – manchmal entsteht genau das Gegenteil, nämlich es werden Aversionen oder Feindseligkeiten aufgebaut.

Teil 2 – Arbeitsverhältnis untereinander

Liebe Menschen aller Generationen, egal ob Babyboomer, X, Y oder Z, halten Sie sich diese Überlegung immer vor Augen. Das, was für Sie eindeutig und klar ist, ist für Ihren Gesprächspartner noch lange nicht so klar und eindeutig.

Ehrlichkeit

Nun haben wir ja deutlich gesehen, was es mit der Ehrlichkeit so auf sich hat. Kann es denn eine Ehrlichkeit überhaupt geben, wenn angenommen wird, dass der Erwachsene 200 Mal am Tag lügt?

Wir können Folgendes unterstellen, wenn es Ihnen recht ist: Sie können zumindest versuchen, so ehrlich zu sein, wie es irgend möglich ist. Im Bereich des Feedbacks lässt sich bereits sehr gut üben, wie ehrlich eine Wahrnehmung geäußert werden kann.

Sie werden feststellen, wie Sie als Mensch dazu tendieren, entweder um den heißen Brei herumzureden, oder, vielleicht noch schlimmer, in die Falle der ‚Schuldzuweisung' zu geraten. Offensichtlich ist es für den Menschen außerordentlich schwierig, sich rhetorisch sauber auszudrücken, ohne dem anderen weh zu tun, aber trotzdem das eigene subjektive Empfinden zu äußern.

Das betraf nun die Art und Weise des Austausches. Natürlich gibt es auch inhaltliche, gemeint sind fachliche, Wahrheiten, die sauber vermittelt werden sollen. Halten Sie Ihre Kollegen, Mitarbeiter und Vorgesetzten immer auf dem Laufenden. Es darf davon ausgegangen werden, dass Sie selbst ja auch gerne immer auf dem aktuellsten Stand sein wollen.

Der andere denkt anders

Berücksichtigen Sie dabei, dass für Sie manches, da Sie gedanklich in einem Prozess eingebunden sind, ‚klar' ist, was dem anderen eben nicht klar ist.

Oft entstehen Missverständnisse deswegen, weil A annimmt, dass B genauso denkt wie A. B kann aber nicht so denken, da gewisse Informationen fehlen und – da er ja grundsätzlich, zumindest höchstwahrscheinlich, eine andere Art hat zu denken.

Je besser demnach kommuniziert wird, je mehr Ihr Gegenüber von Ihren Plänen weiß und kennt, desto eher ist mit einer erfolgreichen Zusammenarbeit zu rechnen. Sie sparen sich selbst also viel Arbeit, weil es weniger nachzubessern gibt.

Achten Sie darauf, dass nicht nur Sie zu Ihren Mitarbeitern, Kollegen und Vorgesetzten ehrlich sind, sondern die Mitarbeiter untereinander ebenso. Der saubere Austausch untereinander hilft, das Vertrauen zu erhöhen und bereitet damit deutlich den Weg auf mehr Erfolg.

Integrität

Zum Thema Ehrlichkeit gehört auch sich nach allen gesetzlichen Vorgaben zu richten. Dazu zählt alles, was sich rund um das Thema Steuern dreht, wie auch, dass einwandfreie Produkte oder sicheres Zubehör für Ihre Ware verwendet wird.

Schwieriger wird es bei moralischen Fragen, da hier jeder Einzelne eine eigene Moralvorstellung hat. Trotz allem lässt sich unterstellen, dass ein Geschäftspartner moralisch einwandfrei und integer ist. Wer sich bestechen lässt, ist nicht integer.

Offensichtlich ist es nicht ganz so einfach, wirklich ehrlich zu sein. Als erstrebenswert ist es hingegen auf jeden Fall zu betrachten. Also, packen Sie es an!

Teil 2 – Arbeitsverhältnis untereinander

Transparenz und Offenheit

Einige Unternehmen zeigen ihre Transparenz durch große Glasfronten am Firmengebäude oder teilen die Büros durch Glaswände, damit von innen nach außen und umgekehrt geschaut werden kann. Damit kann signalisiert werden: „Wir haben nichts zu verbergen."

Zur Transparenz zählt auch, dass die Unterlagen beziehungsweise der Auftritt im Internet so klar strukturiert ist, dass der Fremde recht schnell erkennt, was getan wird, wer zuständig ist und schließlich auch, wie bestimmte Leistungen verrechnet werden. Angaben in Prospekten müssen stimmen und wenn Sie hier fair und ehrlich sein wollen, so geschrieben sein, dass auch der Laie versteht, worum es geht.

Es ist klar, dass sich ein Unternehmen positiv darstellen und demnach manche Schwachstellen nicht in den Vordergrund schieben will. Das ist in Ordnung, solange das Gegenüber nicht getäuscht wird. Kommt die Täuschung ans Licht, ist in der Regel mit einem großen Imageschaden zu rechnen, der gegebenenfalls das Unternehmen an den Rand des Ruins bringen kann.

Gehalt

Nach wie vor ist es in vielen deutschen Unternehmen unüblich, über die Gehälter beziehungsweise die Löhne der Beschäftigten zu sprechen. Mitunter ist es den Mitarbeitern sogar verboten, diese Angaben Dritten gegenüber zu äußern. Hängt das damit zusammen, dass der Unternehmer dem einen etwas mehr zahlen kann als dem anderen, ohne dass der zweite meckern wird – da er sie (die Gehaltsdifferenz) ja – zumindest offiziell – nicht wissen kann. Sollte das der Grund sein, trifft hier das Wort Transparenz und auch der Begriff Ehrlichkeit nicht zu. Selbstverständlich spricht einiges dafür, dass nicht zwangsläufig jeder über die Gehälter der anderen Bescheid weiß.

Andererseits: weshalb ‚eigentlich' nicht? Im Jahr 2016 schafften es tatsächlich einige, zum Beispiel britische Politiker, ihr Jahreseinkommen zu veröffentlichen. Natürlich machten sie das nicht ganz freiwillig, sondern weil es neue gesetzliche Vorgaben gab.

Ob es nun richtig oder falsch ist, Gehälter zu publizieren, muss jeder Entscheider selbst treffen. Vielleicht hilft die Überlegung dabei, dass für bestimmte Leistungen ein bestimmtes Gehalt erfolgt. Somit könnte ein Mitarbeiter auch wissen, mit welchem Gehalt er in einer bestimmten Position oder beim bestimmten Aufgabenbereich rechnen kann.

Kennzahlen und Wandtafeln

In einigen Unternehmen sind – zumindest für die Beschäftigten – Wandtafeln beziehungsweise Wandmonitore aufgehängt, die bestimmte Daten oder Zahlen veröffentlichen. Beispielsweise, wie viele Teile in der Produktion am selben Tag bereits erstellt wurden. Oder aber wie viele Lieferungen pro Tag das Unternehmen verlassen haben.

Möglicherweise aber auch, welches Team oder welcher Mitarbeiter welche Leistung erbrachte. Das könnte als Motivation betrachtet werden, kann aber unter Umständen auch deutlich Neid bei den anderen auslösen. Zumal sich bestimmte Arbeiten schwierig bis gar nicht in Kennzahlen darstellen lassen.

Von den meisten Mitarbeitern wird bei dieser Vorgehensweise als positiv bezeichnet, wenn beispielsweise im Sinne der Unfallverhütung angegeben wird, wie viele Tage die letzte Verletzung eines Mitarbeiters zurückliegt.

Unterschwellig wird damit erreicht, die Zahl in die Höhe zu treiben – und zwar von allen Beschäftigten – und damit besser aufzupassen, damit keine Unfälle geschehen.

Teil 2 – Arbeitsverhältnis untereinander

Die Staff

Hier wurde bewusst einmal ein Begriff aus der englischen Sprache gewählt. Das klingt etwas flotter oder moderner als der deutsche Begriff für Mitarbeiter.

Unser Themenbereich hat als Schwerpunkt die berufliche Zusammenarbeit. Somit steht der Mitarbeiter automatisch im Vordergrund. Wo taucht der Mitarbeiter im Sinne der Transparenz auf? Gut, manchmal gibt es einen Aushang, der den ‚Mitarbeiter des Monats' zeigt.

Das ist ja schon ganz nett. Menschlicher wird es, wenn neue Beschäftigte mit Foto und gegebenenfalls mit kleinen Angaben zur Person dargestellt werden (Achtung Datenschutz!).

Heiratet ein Mitarbeiter oder bringt eine Mitarbeiterin ein Kind zur Welt wäre das, sofern keine rechtlichen Bestimmungen verletzt würden, auch im internen Newsletter eine Nachricht wert oder auf einem Aushang bekannt zu geben.

Wurde jemand befördert oder in eine andere Abteilung versetzt? Überlassen Sie es nicht dem Flurfunk, dass die Informationen ihre Runde machen. Informieren Sie die Beschäftigten selbst.

Hat jemand das Rentenalter erreicht und verlässt das Unternehmen, ist das zumindest eine kurze Nachricht wert. Auch dann, wenn sich nicht einvernehmlich getrennt wurde. Denn immerhin hat ein Beschäftigter ja eine ganze Weile im Unternehmen gearbeitet und damit auch zum Erfolg beigetragen. Dann fehlt in diesem Zusammenhang ein letzter Punkt: jemand ist verstorben.

Egal ob dieser jemand gerade noch aktiv war oder schon einige Jahre den Ruhestand genoss; eine entsprechende Mitteilung hierzu ist angebracht. Zeigen Sie durch Informationen dieser Art, dass der Mensch einen entsprechend hohen Stellenwert genießt.

Gute Laune

Das mit der guten Laune ist so eine Sache. Da ist jeder selbst verantwortlich! Wirklich?

Je nach Quelle werden immer wieder Zahlen publiziert, die zeigen, dass Beschäftigte ungern ihrem Job nachgehen. Als Grund wird hier oft die schlechte Atmosphäre im Betrieb angegeben.

Und natürlich sind auch klassische Behauptungen zu hören wie: „Mein Chef mag mich nicht." „Ich fühle mich nicht wertgeschätzt." „Raues Betriebsklima." „Unverständliche Anweisungen von oben" und viele vergleichbare Aussagen mehr.

Aussagen dieser Art werden nicht nur vom ‚kleinen' Mitarbeiter getätigt, sondern sie sind auch von Abteilungsleitern zu hören – also quer durch alle hierarchischen Ebenen.

Schlechte Laune – schlechte Leistung

Jemand mit schlechter Laune wird kaum Bestleistung erbringen. Im Extremfall hat er schon längst innerlich gekündigt und nutzt den Betrieb sozusagen nur als Hülle.

An sich muss allen Beschäftigten, insbesondere dem Vorgesetzten, dem Unternehmer oder dem Geschäftsführer daran gelegen sein, ein gutes oder genauer gesagt, sogar sehr gutes Betriebsklima entstehen zu lassen.

Stolz auf den Arbeitsplatz

Kommt ein Beschäftigter gerne zur Arbeit, wird er automatisch bessere Leistung erbringen. Wenn es gut geht, freut er sich sogar über sein Beschäftigungsfeld und ‚schmeißt' sich regelrecht in seine Arbeit.

Teil 2 – Arbeitsverhältnis untereinander

Im Extremfall offenbart ein Beschäftigter sein Gefühl, stolz auf seinen Arbeitsplatz zu sein. Das wäre doch wirklich toll!

Wenn einmal überlegt wird, wie viele Stunden des durchschnittlichen Arbeitstages ein Mensch beruflich eingebunden ist im Vergleich zur Freizeit, zeigt sich hier eine klare Dominanz des beruflichen Feldes. Je lieber einer beruflich aktiv ist, desto mehr prägt sich diese Zufriedenheit auch auf sein Privatleben aus.

Diese Stimmung beeinflusst das gesamte Leben. Ist es nicht angenehmer, zufrieden oder gar glücklich durchs Leben zu gehen als missmutig oder schlecht gelaunt?

Also: Von guter Laune der Beschäftigten profitieren alle. Der Vorgesetzte sollte alles daransetzen, dass sich die gute Laune verbreitet. Wie kann er das tun? Recht einfach. Wenn viele der Überlegungen, die bisher hier beschrieben wurden in die Praxis übertragen werden, stellt sich die gute Laune fast von selbst ein.

Gehen Sie mit gutem Beispiel voran und freuen Sie sich auf die Zusammenarbeit mit Ihren Mitarbeitern, Kollegen und Vorgesetzten.

Das Unternehmen bewirbt sich beim Bewerber

„Oh", mögen Sie denken. Was ist denn mit dieser Überschrift los? Muss es nicht umgekehrt sein?

Lieber Chef, wie war das noch mit dem Bewerben? Gut vorbereitet und trainiert soll der Bewerber zum Bewerbungs-Gespräch erscheinen. Er soll sich gut auf die zu erwartenden Fragen nach Stärken und Schwächen vorbereitet haben, nach Zielen und „wie würden Sie sich verhalten, wenn..."–Fragen. Sie hatten die fantastische Möglichkeit, sich aus vielen Bewerbern für den Geeigneten zu entscheiden.

Ja, so war das. In einigen Unternehmen ist es auch noch so. Aber: Ist das noch zeitgemäß für die Generation Z?

Meinen Sie, es entspricht der heutigen Norm, in Anzeigen mit Loyalität, Dienstwagen und Bonuszahlungen zu locken? Nun, einige spricht das nach wie vor an. Die ganz jungen Berufseinsteiger (wir reden hier von der Generation Z) stehen auf Flexibilität, Selbstverwirklichung und schnellen Entwicklungsmöglichkeiten im Arbeitsumfeld.

Arbeitgeber, die Bewerber aus der Zielgruppe der Generation Z suchen, werben ihrerseits um die jungen Leute.

Zeitungsinserate sind out

Der junge, potentielle Arbeitnehmer macht sich nicht die Mühe, auf eine Annonce in der Zeitung nach einer Arbeitsstelle zu suchen. Hat er eine entsprechende (Aus-)Bildung, dann wird er gefunden. Die Voraussetzung ist, dass der Jugendliche seine Daten auf eine entsprechende Business-Plattform stellt.

Auf dieser sind problemlos und schnell der berufliche Werdegang mit allen Daten, Dauer des Arbeitsverhältnisses, Ortsangaben und inhaltliche Schwerpunkte abzulesen.

Teil 2 – Arbeitsverhältnis untereinander

Es ist für den Arbeitgeber klar zu erkennen, in welchen beruflichen Netzwerken der Betreffende aktiv ist und auch mit wem er sein Profil teilt. Das lässt wiederum Rückschlüsse zu, welchen sozialen Stellenwert die Person einnimmt.

Der Arbeitgeber kann über leicht einzustellende Filter auf dem Portal gezielt nach gewünschten Kandidaten suchen. Und das alles in Windeseile. Mithilfe eines professionellen Headhunters oder mit eigenen Mitarbeitern nimmt er dann Kontakt zur gewünschten Person auf.

Für den jungen Menschen bedeutet es andererseits, dass er seine Profilangaben ständig aktualisiert halten muss. Ein unerklärbarer Knick auf der Karriereleiter kann verheerend für die weitere Karriere sein.

Ob er will oder nicht, er steht – passiv – in einem unglaublichen Wettbewerb mit zahlreichen anderen Personen, die dasselbe Portal benutzen.

Da er also nicht nur gegen zwei, drei ausgesuchte Mitbewerber antritt, sollte er viel intensiver darauf achten, dass seine Angaben fehlerfrei sind, keine falschen Erwartungen geweckt werden, und korrekt auf dem Portal hochgeladen sind.

Ganztägige Incentives sind in

Das Unternehmen lädt den Bewerber zu einem ganztägigen Incentive ein, bei dem dieser auf andere Bewerber trifft, um spielerisch den Tag gemeinsam zu erleben.

Im lockeren Zusammensein mit den anderen Kandidaten und selbstverständlich mit Vertretern des Unternehmens werden bestimmte Spiele umgesetzt, die ein Außenstehender möglicherweise als verrückt ansehen würde. Verrückt deshalb, weil sie in das bisherige Denkschema nicht passen.

Von dem einen oder anderen Unternehmen wird berichtet, dass Kandidaten zum Beispiel zu einem Segeltörn eingeladen werden, bei dem sie in fremder Umgebung locker und ungezwungen automatisch in Team-Arbeit aktiv werden. Hierbei lassen sich die Teilnehmer in ungekünstelter Form beobachten.

Spezialisierte Agenturen bringen Kandidaten über den Tag verteilt zu verschiedenen Unternehmen, die sich in flotter, kreativer Art präsentieren. Konkret: Die Unternehmer bewerben sich beim Bewerber. Verrückt? Mag sein.

Trifft durch diese Vorgehensweise der richtige Kandidat aufs passende Unternehmen, sind die ersten Schritte einer hervorragenden Zusammenarbeit erreicht.

Klasse Mitarbeiter bekommen klasse Arbeitsbedingungen

Liebe Unternehmerin, lieber Unternehmer, Sie haben einen A-Kandidaten oder eine A-Kandidatin gefunden? Herzliche Glückwünsche! Sie haben sich viel Mühe gegeben, unter vielen Kandidaten den aus Ihrer Sicht besten herauszusuchen.

Offensichtlich ist auch der Kandidat der Meinung, ein passendes und ansprechendes Unternehmen beziehungsweise einen Arbeitsplatz gefunden zu haben.

Nach einer gewissen Einarbeitungszeit wird erwartet, dass der Eingestellte optimale Leistung bringt.

Und er soll auch nicht auf dem Anfangsstand bleiben, sondern sich weiterentwickeln und gleichzeitig dem Unternehmen helfen, sich ebenso weiterzuentwickeln.

Eine klassische Win-Win-Konstellation.

Teil 2 – Arbeitsverhältnis untereinander

Manche Arbeitgeber vergessen allerdings, dass A-Mitarbeiter – hier sind die besten Mitarbeiter gemeint – auch einen A-Arbeitsplatz und ein A-Arbeitsumfeld erwarten. An anderer Stelle haben wir uns zum Arbeitsumfeld ausgetauscht. Wie sieht es mit der Bezahlung Ihres A-Mitarbeiters aus? Versuchen Sie an seinem Gehalt zu sparen? Oder wollen Sie erst einmal schauen …?

Es ist kein Geheimnis, dass viele Unternehmer gerade bei den Gehältern Zurückhaltung zeigen. Wirtschaftlich betrachtet ist das selbstverständlich in Ordnung. Fühlt sich auf Dauer – und wir meinen hier nicht nach Jahren, sondern nach nur wenigen Monaten – der qualifizierte Beschäftigte nicht ausreichend gewürdigt im Sinne der finanziellen Gegenleistung, wird er, typisch für die Generation Z, schnell einen aus seiner Sicht adäquaten neuen Arbeitsplatz finden. Sie sind ihn los. Und dabei hatten Sie so viel von Ihrem neuen Mitarbeiter erwartet.

Damit keine Missverständnisse aufkommen: Der Beschäftigte soll keineswegs überbezahlt sein, seine Leistung allerdings sehr wohl sauber und korrekt anerkannt werden. Nicht umsonst haben wir in diesem Absatz den Beschäftigten als A-Mitarbeiter bezeichnet. Solch ein Mitarbeiter ist sehr wertvoll für ein Unternehmen und kann täglich aufgrund des anwachsenden Wissens und der steigenden Erfahrung mehr Leistung und Erfolg für den Betrieb erbringen.

Wertschätzen Sie das entsprechend. Die meisten Betriebe haben nur eine Handvoll dieser A-Mitarbeiter. Die große Menge stellt die B-Mitarbeiter dar und einige wenige die C-Mitarbeiter. Fördern und fordern Sie die Mitarbeiter der Klasse A deutlich.

Wertschätzen Sie sie und bauen ein exzellentes Arbeitsverhältnis auf. Der A-Mitarbeiter wird das wertschätzen und in Form seiner Mitarbeit rückzahlen.

Der erste Arbeitstag

Lassen Sie uns gedanklich in folgende Situation springen: Sie sind der neue Beschäftigte aus der Generation Z, der heute seinen ersten Arbeitstag angeht.

Etwas aufgeregt sind Sie schon, wenn Sie das Firmengebäude betreten. „Bloß nichts falsch machen", denken Sie sich. Und was gilt als richtig?

Sie wurden gebeten, sich um 10:00 Uhr bei der Beschäftigten, Frau Schulte, zu melden. Frau Schulte wird Sie durchs Gebäude führen und Ihnen die ersten Informationen übermitteln. Vor allem einmal: Seien Sie pünktlich! Eher ein paar Minuten früher als nur eine zu spät.

Begrüßen Sie Frau Schulte und nennen dabei deutlich Ihren Vor- und Zunamen. Dabei schauen Sie Frau Schulte an und lächeln freundlich. Achten Sie auf einen selbstsicheren Blickkontakt beim Händedruck. Frau Schulte wird Sie nach der Begrüßung durch die einzelnen Abteilungen des Betriebs begleiten und Ihnen bei dieser Gelegenheit den einen oder anderen Mitarbeiter vorstellen.

Während des Rundgangs stellen Sie Fragen nach firmenüblichen, aber nicht geschriebenen Regeln. Klären Sie weiterhin, wo Ihr tatsächlicher Arbeitsplatz ist, welchen Schrank oder Spind Sie benutzen können und andere Dinge, die Sie für Ihren Arbeitsplatz wissen müssen.

Beim Begrüßen lassen Sie Ihre Hand nicht in der Hosentasche.

Erster Arbeitstag – und keiner führt Sie herum

Das gibt es natürlich auch. Sie haben heute Ihren ersten Arbeitstag und suchen Ihren zugewiesenen Arbeitsplatz auf. Arbeitet dort schon jemand am Nachbartisch, stellen Sie sich selbstverständlich direkt vor und fragen welcher Arbeitsplatz für Sie vorgesehen ist.

Teil 2 – Arbeitsverhältnis untereinander

Zu vermeiden

Vermeiden Sie, speziell in den ersten Tagen, ein arrogant wirkendes Verhalten oder Besserwisserei. Seien Sie nicht zu passiv oder schüchtern, denn das könnte schnell als Schwäche ausgelegt werden.

Und: Vermeiden Sie über den vorigen Arbeitgeber zu reden – schon gar nicht schlecht – aber auch nicht vergleichend.

Gutes Gelingen an Ihrem neuen Arbeitsplatz.

Zeitgemäße Umgangsformen

Auch wenn es nicht immer so aussehen mag: Moderne Umgangsformen sind nach wie vor in oder anders ausgedrückt – Knigge-Muffel sind out!

Händeschütteln – bloß nicht zu lasch

Wissenschaftler und Psychologen der Universität Alabama, konkret das Forschungsteam um William F. Chaplin, haben festgestellt, dass es eine Art Standardausführung des festen Händedrucks gibt (Quelle: ‚Journal of Personality and Social Psychology 1/2000'): Die Hand wird vollständig umfasst und ziemlich kräftig und ausdauernd gedrückt.

Die Augen suchen dabei den Blickkontakt. Wer sein Gegenüber auf diese Weise begrüßt, hat bei ihm schon mal einen Stein im Brett.

Diese Art des Händedrucks hinterlässt einen guten Eindruck. Wer die Hände so schüttelt, wird als aufgeschlossen, gewissenhaft, verträglich, positiv gestimmt, offen und zugewandt eingestuft.

Fällt der Händedruck hingegen zu lasch aus, wird dem Gegenüber gerne Schwäche oder mangelndes Selbstbewusstsein nachgesagt. Schlecht für das Geschäft ...

Hand reichen schafft Nähe

Die Hand zu geben schafft auf jeden Fall Nähe. Allein schon körperliche Nähe. Genau genommen gibt es nichts Intimeres als einen anderen Menschen von Haut zu Haut zu berühren. Menschen, die Sie überhaupt nicht ausstehen können, werden Sie auch kaum, im positiven Sinne, berühren wollen. Deshalb werden Sie hier sehr wahrscheinlich auch keine Hand geben.

Menschen, mit denen Sie sich versöhnen wollen (oder sollen), sollen (oder wollen) Sie die Hand zur Versöhnung reichen. Demnach scheint es in unserer Kultur schon etwas Gutes, Besonderes zu sein, einem anderen die Hand zu reichen. Deshalb lässt sich festhalten, dass es trotz aller möglichen hygienischen Bedenken sehr wohl vorteilhaft ist, einem Gesprächspartner die Hand zu reichen.

Andererseits sollen Sie niemanden nötigen, die Hand zu reichen. Es ist jedermann (und jeder Frau) selbst überlassen die Hand zum Gruß zu reichen. Wird Ihnen eine Hand zum Gruß entgegengestreckt und Sie greifen die Hand nicht, dann ist das Ihre Entscheidung, auch wenn der andere meinen könnte, gerade ‚einen Korb' erhalten zu haben.

Manche Menschen haben noch Umgangsformen im Kopf, die in der heutigen Geschäftswelt überholt sind.

So meinen sie, dass nur die ältere oder eine ranghöhere Person berechtigt sei, einer anderen die Hand zum Gruß zu reichen. In gewissen Kreisen könnte das noch angemessen sein. Für zeitgemäße Menschen gilt, dass jeder jedem die Hand reichen kann. Dabei ist es egal welches Alter, welches Geschlecht oder welchen Rang Ihr Gegenüber einnimmt.

Ob demnach der Neue der Generation Z dem Chef zuerst die Hand entgegenstreckt oder umgekehrt, ist egal.

Teil 2 – Arbeitsverhältnis untereinander

Die Art die Hand zu reichen

Wenn Sie die Hand geben, stehen Sie sich gegenüber. Sie befinden sich mit Ihrem Gesprächspartner auf gleicher Höhe. Beide Handflächen berühren sich.

Manche geben die Hand deutlich von weit oben und zeigen damit, dass sie sich ‚über' dem Gesprächspartner fühlen. Auch ist es eher unangenehm, wenn einer die Handfläche nicht auflegt, sondern den Handrücken wölbt. Es entsteht dadurch eine Hohlfläche zwischen beiden Händen. Heißt das: „Ich mag dich nicht berühren?"

Hin und wieder begegnen Sie auch Brüdern von Arnold Schwarzenegger. Diese Menschen fühlen den Zwang, uns zu zeigen wie gut durchtrainiert ihre Handmuskeln sind.

Sie scheinen dabei keine Rücksicht auf die Knochen des Gegenübers nehmen zu wollen. Das muss doch wohl nicht sein? Andererseits ist es auch nicht für jeden angenehm, eine Art ‚Waschlappen-Hand' zu greifen.

Demnach: nicht zu fest – nicht zu weich und auf gleicher Höhe wie Ihr Gegenüber.

Nebenbei: Beim Handreichen bleibt die zweite Hand nicht in der Hosentasche!

Wem wird zuerst die Hand gereicht?

Mehrere Personen stehen Ihnen gegenüber. Wem reichen Sie die Hand zuerst?

An sich ist diese Frage ganz leicht zu beantworten. Orientieren Sie sich am Rang. Das heißt, dass Sie eine ranghöhere Person zuerst begrüßen, dann folgt die Person, die rangniedriger ist.

Wer ist ranghöher beim Händedruck?

Ranghöher sind:

- Damen (im Vergleich zu Herren),
- Ältere (im Vergleich zur Jüngeren),
- Vorgesetzte (im Vergleich zu Mitarbeitern).

Ganz Pfiffige werden bereits gemerkt haben, dass sie leicht in eine Konfliktsituation geraten können, wenn zum Beispiel mehrere Damen gleichzeitig begrüßt werden sollen. Wen begrüßen Sie zuerst? Auch hier gilt die Regel, dass die ältere Person vor der jüngeren begrüßt wird.

Wäre das für die Wirklichkeit besonders gut? Sie hätten dann eindeutig die älteste Person identifiziert, wenn Sie der ältesten Person zuerst die Hand reichten. Nach den modernen Umgangsformen ist das zwar korrekt, aber damit würden Sie der ältesten Person vor den Kopf stoßen! Nicht jede Person mag unbedingt als alt und schon gar nicht als die älteste erkannt werden. Sie hätten dann – trotz aller richtigen Regeln – einen Fauxpas begangen. Wie kommen Sie aus dem Teufelskreis heraus? Sie können sich vorstellen, wie kompliziert das in der Realität wird. Deshalb gilt folgende Regel: Gehen Sie der Reihe nach! Dabei spielt es keine Rolle, ob Sie im Uhrzeigersinn oder gegen den Uhrzeigersinn vorgehen. Wenn Sie in dieser Weise vorgehen, dann sagen Sie – allerdings hörbar – dazu:

- „Ich darf eben mal nach der Reihe gehen."
- „Ich gehe eben mal der Reihe nach."
- „Ich begrüße Sie der Reihe nach."

Dann wird sich niemand verletzt fühlen.

Sollte sich eine <u>deutlich</u> ältere Person in der Reihe befinden, können Sie diese zuerst begrüßen und gehen dann im Uhrzeigersinn weiter, um am Ende nochmals ganz von vorn zu beginnen.

Teil 2 – Arbeitsverhältnis untereinander

Hände über Kreuz! Bringt das Unglück?

Die Gäste begrüßen sich gegenseitig, sofern sie nicht vorgestellt werden müssen.

Einige Regeln, die bei der Begrüßung beachtet werden müssen.

Begrüßt wird dem Rang nach, also

- zuerst die Dame, dann der Herr
- zuerst die ältere Person, dann die jüngere Person
- zuerst die ranghöhere Person, dann die rangniedrigere Person
- zuerst der Fremde, dann der Bekannte
- zuerst der Ausländer, dann der Inländer

Sie begrüßen herzlich, geben die rechte Hand und schauen sich dabei direkt in die Augen. Ein Lächeln ist bereits der Anfang zu einem angenehmen Klima.

Da sich Menschen (aus Gründen des Aberglaubens) Hände nicht über Kreuz reichen sollen, gibt es eine Vorgehensweise, das zu vermeiden.

Zwei Paare stehen sich gegenüber und verfahren wie folgt:

1. Schritt	Diagonal. Zuerst reichen sich die beiden Damen die Hand.	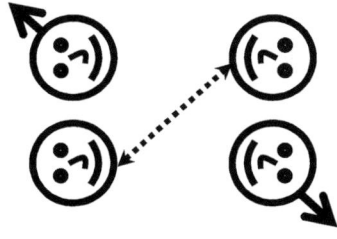
2. Schritt	Parallel. Die gegenüber Stehenden reichen sich die Hand.	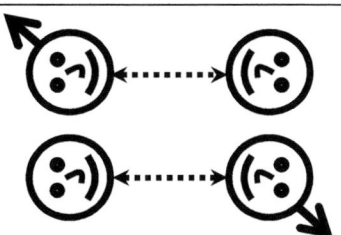

3. Schritt	Diagonal. Und schließlich geben sich die beiden Herren die Hand.	

Dabei stehen die Paare in Blickrichtung immer so, dass der Herr links von der Dame steht. Wenn Sie bei der Begrüßung einen Rang nicht erkennen können oder möchten, grüßen Sie ganz einfach ‚der Reihe nach', sagen das aber auch dazu.

Die Vorstellung

Die Vorstellung erfolgt unter Berücksichtigung des ‚Rangs'. Die rangniedrigere Person wird immer der ranghöheren vorgestellt. Vorgestellt wird

- der Herr der Dame
- die jüngere Person der älteren Person
- die rangniedrigere Person der ranghöheren Person
- der Bekannte dem Fremden
- der Inländer dem Ausländer
- wer schon da ist demjenigen, der dazukommt

Begleitet wird die Vorstellung durch erklärende Worte des Gastgebers. Zum Beispiel:

- „Frau Martinez, darf ich vorstellen, das ist Herr Fröhlich."

Die beiden Vorgestellten geben sich die Hand und antworten in etwa:

- „Freut mich."
- „Freut mich sehr."
- „Es freut mich, Sie kennenzulernen."

Teil 2 – Arbeitsverhältnis untereinander

- „Es freut mich sehr, Sie kennenzulernen, Frau Martinez/Herr Fröhlich."

Oder der eigene Name wird wiederholt:

- „Fröhlich, guten Abend."

Im familiären Jargon:

- „Hallo."

Veraltet sind Antworten wie:

- „Angenehm."
- „Sehr angenehm."

Ist der Gastgeber verhindert, seine Gäste vorzustellen, stellen sich die Gäste einander selbst vor. Das kann so sein:

- „Darf ich mich vorstellen, mein Name ist Niklas Fröhlich." – „Das freut mich Sie kennenzulernen, ich bin Elena Martinez."

Bei eher informellen Anlässen kann so vorgegangen werden:

- „Hallo, ich bin der Niklas." Oder mit dem Nachnamen:
- „Guten Abend, ich heiße Niklas Fröhlich."

Der erste Fall zeigt die Bereitschaft, später ‚geduzt' zu werden. Im zweiten Fall soll ‚gesiezt' werden. Auch in Deutschland setzt sich in einigen Firmen allmählich durch, sich mit dem Vornamen anzureden, aber gleichzeitig beim ‚Sie' zu bleiben.

- „Es freut mich, Sie kennenzulernen, Niklas."

Wie bei der Begrüßung, schauen sich die Personen während des Bekanntmachens oder der Vorstellung direkt in die Augen.

Sie lächeln freundlich und reichen sich gewöhnlich die Hand und zwar dann, wenn die beiden vorzustellenden Gäste beim Namen genannt werden.

Auch wenn es heutzutage etwas lockerer zugeht, gilt die höfliche Vorgehensweise, wie oben beschrieben, nach wie vor als aktuell und modern. Eine freundliche Begrüßung öffnet schnell den Weg zum Smalltalk und zu einer angenehmen Atmosphäre.

Empfangen Sie Ihre Kunden professionell!

Kunden beziehungsweise Gesprächspartner haben einen Termin bei Ihnen oder bei Ihrem Vorgesetzten. Sie – als Gastgeber/in – sorgen dafür, dass die Gäste in Ihrem Haus mit der richtigen Etikette empfangen werden. Sie begleiten Ihren Gast zum Besprechungszimmer.

Es ist unpersönlich, wenn Gäste am Empfang lediglich eine Wegbeschreibung bekommen und durchs Haus irren, um den Weg zu finden. Holen Sie deshalb Ihren Gast am Empfang oder beim Pförtner ab.

Das zeigt Interesse an Ihrem Gesprächspartner und wertet ihn – und damit auch Sie selbst – auf. Eine Stufe tiefer, aber ebenso denkbar ist, dass Sie Ihren Gast auf Ihrer Büroetage am Aufzug abholen. Der Pförtner erklärt und zeigt dem Gast in diesem Fall den Weg zum Lift.

Begrüßen Sie Ihren Gast und stellen Sie sich vor. Auf dem Weg zum Treffpunkt führen Sie einen Smalltalk. Überlegen Sie sich Standard-Fragen, mit denen Sie ein lockeres Gespräch in Gang bringen. Der Smalltalk sorgt für eine entspannte Atmosphäre. Benutzen Sie ‚offene' Fragen, auf die der Gast nicht nur mit „Ja" oder „Nein" antworten kann. „Wie haben Sie hergefunden?"

Wer geht wo?

Der Gast hat den Vortritt. Manchmal zeigt sich dies als umständlich, nämlich dann, wenn sich der Gast in Ihrem Haus nicht auskennt.

Teil 2 – Arbeitsverhältnis untereinander

Die ranghöhere Person geht rechts

Gehen zwei Damen oder zwei Herren nebeneinander, so geht die ältere (weil ranghöhere Person) an der rechten Seite.

Und diese Regel gilt bei vergleichbaren Situationen ebenso. Die ranghöhere Person befindet sich an der rechten Seite der anderen Person und zwar unabhängig vom Geschlecht.

Wenn Sie mit dem Gast durch Zimmer oder Gänge gehen, achten Sie darauf, dass er rechts – auf der Ehrenseite – neben Ihnen geht. Handelt es sich um eine Besuchergruppe, geht der Ranghöchste der Gruppe rechts. Gehen Sie zügig, aber rasen Sie nicht. Jetzt kommt es auf einen Sekundengewinn nicht mehr an.

International gilt: In Blickrichtung geht der Herr (Gastgeber) links und die Dame (der Gast) rechts. Das gilt im Freien wie auch in Räumen oder Fluren, wenn nebeneinander gegangen werden kann.

Tür

Öffnen Sie die Tür, halten diese auf, der Gast geht als erster hindurch. Eine einladende Handbewegung oder „Treten Sie ein" vermittelt dem Gast, hier ist er willkommen. Öffnet die Tür nach innen, dann geht die Begleitung ‚mit der Tür' in den Raum und bittet hier den Gast einzutreten.

Wird ein geschlossener Raum betreten (in einem Gebäude, aber auch in der Eisenbahn), wird der Gast vorgelassen. Ausgenommen beim Betreten eines Restaurants oder einer Bar. Hier geht der Gastgeber vor. (Wer zuerst das Restaurant betritt = Gastgeber = derjenige, der bezahlt.)

Achtung: In die Hotelhalle geht zuerst der Gast, ins Restaurant der Gastgeber!

Treppauf – treppab

Gehen Sie nebeneinander, wird auch ein Treppenhaus kein Hindernis für Sie darstellen. Gehen Sie hintereinander, dann darf Ihr Gast vor Ihnen gehen. Im Gegensatz zu früheren Regeln gilt diese Vorgehensweise auch dann, wenn eine Dame vor einem Herrn die Treppen hinaufgeht.

Verhalten in Aufzügen

Beim Betreten eines leeren Fahrstuhls hat Ihr Gast den Vortritt. Warten bereits Personen, geht es der Reihe nach. Ist der Fahrstuhl schon besetzt, nehmen Sie den nächsten. Bei enger Platzsituation verlassen nach der Fahrt zuerst Sie den Lift.

Wer steht wo?

Wir haben dargestellt, dass der Gastgeber links neben dem Gast geht. Kommen die beiden zum Stehen, dann ergibt sich dasselbe Bild. Der Gastgeber steht links neben dem Gast.

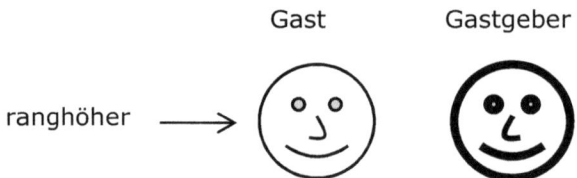

Somit wissen Sie als gegenüberstehende Person, wer der Gast ist. Der Gast ist ranghöher und würde deshalb zuerst begrüßt.

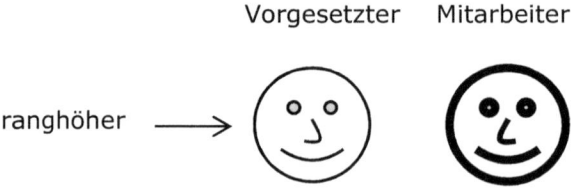

Teil 2 – Arbeitsverhältnis untereinander

Nehmen wir an, Sie haben einen Gesprächstermin mit einem Abteilungsleiter eines anderen Unternehmens. Dieser kommt mit seinem Assistenten auf Sie zu. Vom Alter können Sie keinen Unterschied erkennen. Aber – vorausgesetzt die beiden verhalten sich regelkonform – sie zeigen Ihnen, wer der Vorgesetzte ist. Dieser geht nämlich dort, wo sich der Ranghöhere befindet, also dort, wo oben abgebildet der Gast markiert ist.

Damit haben Sie keinerlei Schwierigkeiten, den Ranghöheren sofort zu erkennen. Das vermeidet manche Peinlichkeit, gerade dann, wenn zwei Frauen oder zwei Männer auf Sie zukommen.

Gastgeber und zwei Gäste

Nehmen wir an, Sie sind der Gastgeber und haben zwei Gäste, dann sind diese beiden Ihnen gegenüber ranghöher. Wenn die beiden eine Einheit bilden und als ‚Paar' auftreten, können wir sie wie eine ‚Doppel-Person' betrachten.

Sie stehen dann so:

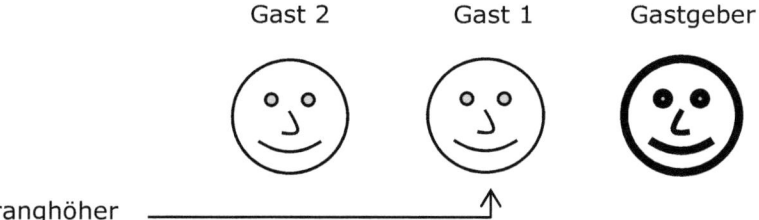

ranghöher

Die Person, die nun in der Mitte steht, ist die ranghöhere, hier Gast 1. Treten Ihre beiden Gäste nicht als Einheit auf oder wenn sie bei Tisch nebeneinander Platz genommen haben, kann sich das so darstellen:

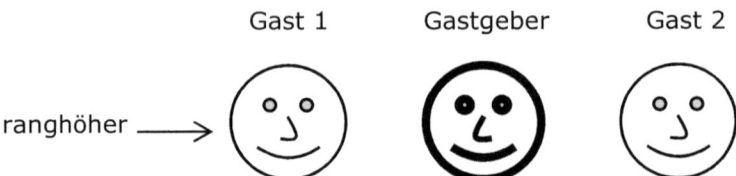

Der ranghöhere Gast (Gast 1) sitzt/steht demnach wieder rechts des Gastgebers. Alle genannten Regeln gelten unabhängig vom Geschlecht. Wenn ein (Ehe-)Paar nebeneinander steht, steht die Frau rechts vom Mann.

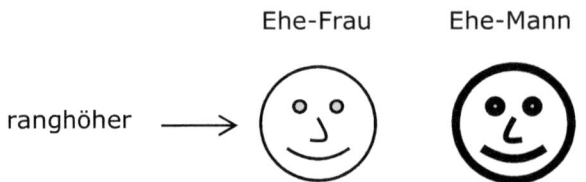

Sollte im Geschäftsleben die Frau einen ranghöheren Mann begleiten, stehen sie so nebeneinander:

Für den Gegenüberstehenden gilt nach wie vor – eben unabhängig vom Geschlecht – die ranghöhere Person steht aus seiner Sicht links.

Diese eindeutige Regel ist weltweit gültig. Als Dazukommender können Sie somit die Hierarchie der anderen erkennen.

Teil 2 – Arbeitsverhältnis untereinander

Die Toilettenräume

Ein nicht zu vergessender Punkt, aber leider trotzdem ein oft vergessener: Der Hinweis auf die Toilettenräume. Stellen Sie sich vor: Ihr Gast hat eine längere Anfahrt hinter sich. Sie begrüßen ihn freundlich und korrekt. Im Anschluss laden Sie Ihren Gast zu einem Rundgang durch Ihr Unternehmen ein und geben hier und dort erklärende Informationen. Schließlich erreichen Sie das Besprechungszimmer, offerieren Ihrem Gast ein Getränk und setzen sich zum Gespräch nieder. Das Gespräch selbst mag eine Stunde dauern …

Könnte es sein, dass Ihr Gast ein ‚Bedürfnis' hat? Vielleicht traut er sich nicht zu fragen, um den Besuchsablauf beziehungsweise das Gespräch nicht zu unterbrechen. Können Sie sich in die Situation Ihres Gastes versetzen? Können Sie sich vorstellen, dass dieser sich gar nicht hundertprozentig auf das Gespräch konzentrieren kann? Und wie verhalten Sie sich richtig?

Nachdem Sie Ihren Gast willkommen hießen, weisen Sie ihn auf die Toiletten hin. Zum Beispiel so:

- „Falls Sie sich die Hände waschen wollen; dort finden Sie die Waschräume,"

wobei Sie in die entsprechende Richtung deuten. Wenn Ihr Gast die Toiletten aufsuchen will, kann er das nun tun. Sagen Sie dann sinngemäß:

- „Ich warte dort drüben am Empfang auf Sie."

Ihr Gast muss so nicht das Gefühl haben, dass Sie – ungeduldig vor der Toilettentür stehend – auf ihn warten. Selbst wenn Ihr Gast die Toilette nicht aufsuchen will, weiß er aber, wo sie zu finden ist. So kann er ohne Probleme auch vor Verlassen des Gebäudes – ohne Nachfragen – dorthin finden.

Kaffee oder Wasser?

Sie haben Ihren Gast in Ihr Büro oder das Besprechungszimmer geführt. Bieten Sie ihm nun an, Platz zu nehmen.

Während eines Smalltalks können Sie Ihrem Gast ein Getränk anbieten. Vermeiden Sie dabei die geschlossene Fragestellung:

- „Wollen Sie einen Kaffee?",

da diese Frage korrekterweise mit

- „Nein, danke."

beantwortet werden müsste. Bevorzugen Sie eine Alternativfrage wie:

- „Mögen Sie lieber eine Tasse Kaffee oder ein Glas Orangensaft?"

Der Gast darf davon ausgehen, dass er tatsächlich einen Getränkewunsch äußern soll/darf. Er kann wählen oder auch nach einem anderen Getränk fragen:

- „Darf ich um ein Glas Mineralwasser bitten?"

Mancher Gast ist mehrmals am Tag zu einem Gespräch eingeladen und mag deshalb gegebenenfalls nicht jedes Mal Wasser oder Kaffee trinken. Was halten Sie von der Idee, in Ihrem Besprechungszimmer in einem (kleinen) Kühlschrank ein Sortiment verschiedener Saftfläschchen bereitzuhalten?

Bei Keksen mit Schokoladenüberzug oder anderem fettigem Naschwerk zeigen Sie ‚Kundenorientierung', wenn Sie kleine Papierservietten bereitlegen. Zeigen Sie als Gastgeber eine gewisse Kreativität, indem Sie statt üblicher ‚08/15-Kekse' etwas Ausgefalleneres anbieten.

Es sollte selbstverständlich sein, dass verwendetes Geschirr und Gläser absolut sauber sind.

Teil 2 – Arbeitsverhältnis untereinander

Das große Wort ‚Bitte'

Nur fünf Buchstaben braucht es – das Wort ‚Bitte'. Und trotzdem fällt es vielen Menschen so schwer, es auszusprechen.

- „Gib mal ...!"
- „Hole mir ...!"
- „Lass das ...!"

Leben wir so gerne mit Befehlen? Klingt es nicht etwas angenehmer, der Aufforderung ein ‚Bitte' anzuhängen?

- „Gib mal, bitte ...!" Immer noch ein Befehl, aber nicht mehr so hart.

Es ist ganz schlicht eine Sache der Höflichkeit, einer Aufforderung oder Bitte dieses Wörtchen anzuhängen. Das Wort ‚Bitte' öffnet manche Pforte und räumt leichter ein Hindernis aus dem Weg.

Etwas Höflichkeit mehr in dieser teilweise doch so egoistischen Welt. Und nur fünf Buchstaben, die (fast) nichts kosten, dafür aber manches Lächeln schenken und manche Tür öffnen.

Übrigens: Das Wort ‚Bitte' hat nichts mit der Hierarchie zu tun. Auch ein Vorgesetzter kann seinen Mitarbeiter um etwas bitten.

Das große Wort ‚Danke'

Nur fünf Buchstaben braucht es – das Wort ‚Danke'. Und trotzdem fällt es vielen Menschen so schwer, es auszusprechen.

Wortlos wird vieles entgegengenommen; eine Dienstleistung als selbstverständlich angenommen.

- Jemand hält Ihnen die Tür auf? „Danke."
- Jemand lässt Sie auf der Rolltreppe vor? „Danke."
- Und nach einem Smalltalk oder Gespräch: „Danke fürs Gespräch."

- Oder am anderen Tag für den Gedankenaustausch: „Danke für den harmonischen Austausch von gestern. Es war ein sehr angenehmes Beisammensein."

Wertschätzung, Anerkennung und faire Behandlung

Kennen Sie die Berichte von Mitarbeitern, die eher selten Gespräche mit ihren Vorgesetzten führen? Sie erhalten dann überraschend den Hinweis „du sollst zum Büro des Chefs kommen". Wenn die Position etwas angesehener ist, blinkt eine Mail der Chefsekretärin auf, die um „einen Gesprächstermin mit dem Chef" bittet.

In wie vielen Fällen wird in dieser Art der angekündigten Gespräche etwas Angenehmes besprochen? Eher selten. Höchstwahrscheinlich gibt es etwas zu kritisieren oder es muss etwas gekürzt oder ganz gestrichen werden.

Wie oft kommt es vor, dass in diesen Gesprächen ausschließlich Positives besprochen wird? Dass sich über eine besondere Leistung lobend geäußert wird? Dass zusätzliche Ressourcen in Aussicht gestellt werden? Eher selten.

Der Chef kritisiert

Offensichtlich wird vorausgesetzt, dass der Mitarbeiter seine Arbeit gut erledigt. Jeden Tag, jeden Monat, immer. Kommt es zu einem Fehler, ist das Geschrei sofort groß.

Der Schuldige ist bestenfalls bereits im Mitarbeiter gefunden und nun soll geklärt werden, wie es zu diesem Fehler kam. Besser wäre in dieser Situation zumindest zu klären, wie vorzugehen ist, damit sich in Zukunft solch ein Fehler nicht wiederholt.

Wie oft wird der Mitarbeiter nun geknickt aus dem Gespräch gehen? Ist das unter Wertschätzung oder Anerkennung zu verstehen? Weshalb nicht eine andere Vorgehensweise?

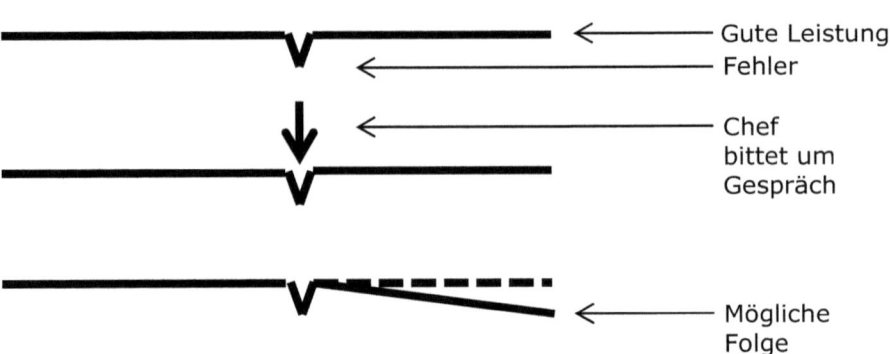

Der Chef erkundigt sich

Betrachten wir eine bessere Vorgehensweise.

Hin und wieder könnte der Chef beim Mitarbeiter auftauchen und nach der allgemeinen Situation fragen. „Wo drückt der Schuh?" „Was könnte optimiert werden?" „Haben Sie einen Vorschlag?"

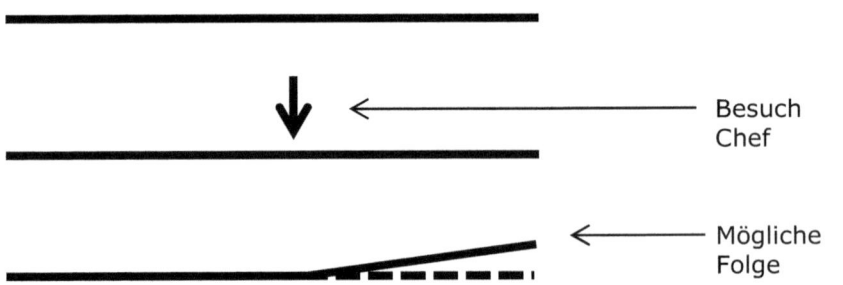

Der Mitarbeiter kann nun in ‚informeller' Atmosphäre seine Bedenken und Wünsche äußern und/oder Vorschläge unterbreiten. Er fühlt sich wertgeschätzt, wenn er die Nachfragen des Vorgesetzten als ehrlich und als interessiert empfindet.

Teil 2 – Arbeitsverhältnis untereinander

Er erkennt, dass sich der Vorgesetzte die Zeit allein für ihn nimmt, um sich zu erkundigen – ohne gegebenen (negativen) Anlass (wie zum Beispiel ein Fehler).

Und noch eines ist wichtig und ausschlaggebend: Der Mitarbeiter muss nicht ins Büro des Vorgesetzten, sondern umgekehrt: Der Vorgesetzte besucht den Mitarbeiter in ‚dessen eigenen vier Wänden'.

Vorgesetzte, die diesen Weg des Austauschs mit ihren Beschäftigten wählen, zeigen deutlich, wie wichtig ihnen die Belange der Mitarbeiter sind.

Sie bleiben up to date, erfahren nebenbei von Schwierigkeiten und wertschätzen den Mitarbeiter.

Zeitgemäßer Führungsstil

Sollte ein Vorgesetzter der Meinung sein: „dafür habe ich gar keine Zeit" oder „dafür ist mir meine Zeit zu schade", sollte er sich überlegen, ob er noch einen zeitgemäßen Führungsstil pflegt.

Denn wir haben ja immer wieder betont, dass der Mensch im Unternehmen einen wichtigen Stellenwert hat.

Prinzip der offenen Bürotür

Schon länger pflegen viele Vorgesetzte das Prinzip der offenen Bürotür. Die geöffnete Tür signalisiert, dass ein Besucher (hier ist der Mitarbeiter gemeint) jederzeit zu einem Austausch willkommen ist. Befindet sich der Vorgesetzte im Gespräch oder will gerade nicht gestört werden, schließt er die Bürotür. Ein klares Zeichen für alle Beschäftigten.

Diversität

Wohl wissend, dass ein jeder Beschäftigter als Individuum seine Bedürfnisse, Ziele und Wünsche hat, sein Leben in seiner Art und Weise führen will, sollte das Unternehmen vielfältige Möglichkeiten geben, dass jeder <u>sein</u> Leben verwirklichen kann.

Hierzu zählt neben Gleichberechtigung, Gleichstellung und Gleichwertigkeit besonders auch die Chancengleichheit aller.

Unabhängig des Geschlechts, der Herkunft, der gelebten Sexualität und der praktizierten Religion, darf es keine Diskriminierung oder Benachteiligung geben. Vielmehr sollte die Diversität der Mitarbeiter gewinnbringend für das Unternehmen genutzt werden. Der Begriff Diversität lässt sich beschreiben mit „der Unterscheidung und vor allem Anerkennung von Gruppen- und individuellen Merkmalen".

Compliance – Regelwerk

Hier weisen wir aufmerksam auf einen relativ wichtigen Punkt in der heutigen, modernen Geschäftswelt hin – auf die Compliance.

Damit wird ein Regelwerk beschrieben, das in Unternehmen beschreibt, wie alle Gesetze, Regeln, die Bestimmungen und Richtlinien eingehalten werden. Regelverstöße, gewollt oder ungewollt, sollen damit leichter und schneller erkannt und im Idealfall ganz vermieden werden.

Durch eine Missachtung kann nicht nur firmenintern Schaden entstehen, sondern auch ein den Umsatz drückender Image-Schaden. Geldstrafen oder Schadensersatzklagen bis hin zu Freiheitsstrafen können die Folgen sein.

An sich sollten Regeln sowieso eingehalten werden. Gerade für einen neuen Mitarbeiter bieten sie eine Hilfestellung, sich orientieren zu können.

Das Regelwerk bietet den Beschäftigten die Möglichkeit bei Unklarheiten direkt nachzufragen. Missverständnisse werden somit früh geklärt.

Teil 2 – Arbeitsverhältnis untereinander

Fremdes als Benefit

Sehen Sie den Fremden (egal ob es seine Lebenseinstellung oder seine Herkunft betrifft) nicht als Gefahr, sondern als Benefit. Nutzen Sie die Vorteile der anderen Denk- und Lebensweise beziehungsweise der interkulturellen Andersartigkeit zur Vergrößerung der eigenen Möglichkeiten.

Faire Behandlung

Bleiben Sie gleich fair allen gegenüber. Stecken Sie nicht heimlich einem etwas zu, was Sie einem anderen nicht zugestehen wollen.

Wissen Sie, welchen Namen die Reinigungskraft hat, die täglich Ihren Arbeitsplatz wieder auf Hochglanz bringt? Wissen Sie, wie der Praktikant heißt, der sechs Monate lang in der Nachbarabteilung tätig ist? Behandeln Sie alle gleich freundlich, lächeln ihnen zu und tauschen sich mit ihnen aus. Es sind gleichwertige Menschen, die diese Beachtung verdienen.

Weiterbildung

„Was Hänschen nicht lernt, lernt Hans nimmer mehr." Oh, oh, dann müssten wir alle beim Schul- beziehungsweise beim Uniwissen stehengeblieben sein. Die Aussage von oben trifft nicht zu.

Jeder kann jederzeit dazulernen, unabhängig des Alters. Nicht umsonst gibt es eine relativ hohe Zahl von Senioren, die im Rentenalter ein Studium beginnen. Einfach nur so. „Wofür?" „Für nichts Konkretes." „Und weshalb denn?" „Weil es Spaß bereitet."

Wunderbar. Jemand lernt freiwillig. Wenn das mal keine intrinsische Motivation ist.

Viele Beschäftigte würden sich ja gerne weiterbilden, bekämen sie die Möglichkeit geboten.

Ja, natürlich, einige Unternehmen bieten ständig Weiterbildungskurse an und erwarten sogar, dass die Mitarbeiter daran regelmäßig teilnehmen.

Es sind nicht immer nur die fachlichen, beruflichen Themen gemeint, sondern auch die, die sich auf den Bereich der Soft Skills beziehen. Zum Beispiel Team-Arbeit, Ausbau des Selbstbewusstseins, moderne Rhetorik, interkulturelle Kompetenz, vernünftiges Zeit-Management, soziales Verhalten und vieles andere mehr.

Investitionen in die Maschine und in den Menschen

Werden nun Geräte oder Maschinen benötigt, wird (teilweise auch zähneknirschend) in neue Objekte investiert. Die Werbemaßnahmen sollen auch nicht zu kurz kommen.

Was ist aber mit der Innovation in die ‚Ware Mensch'? „Zwei Tage Schulung – viel zu teuer! Außerdem, wer macht dann solange dessen Arbeit?"

Regelmäßiges Training der Mitarbeiter ist wie ein ständiges Ölen von Getrieben, wie das Anstreichen der Bürowände, wie das Updaten der Website.

Das Weiterbildungs-Angebot ist riesengroß. Die Kosten für ein gutes Training amortisieren sich relativ schnell, allein schon durch die gezeigte Wichtigkeit dem Mitarbeiter gegenüber, durch den während des Seminars oder Workshops gegebenen Input des Trainers und die nicht zu unterschätzenden Austauschmöglichkeiten der Teilnehmer untereinander.

Sie erwarten von Ihren Mitarbeitern beste Leistung. Geben Sie ihnen durch ein entsprechendes Training die Möglichkeit, immer auf dem neuesten Stand zu sein.

Teil 2 – Arbeitsverhältnis untereinander

Die Weiterbildung von Mitarbeitern hatte schon immer ihre Rechtfertigung und ihre Wichtigkeit. In Bezug auf die Generation Z ist sie essenziell. Die Mitarbeiter von heute erwarten sowieso, ihr aktuelles Wissen ständig aufzufrischen.

Durch den technischen Fortschritt kommen die jungen Leute sowieso an alles möglich Wissenswertes. Allerdings ein jeder für sich und damit ‚ungesteuert' vom Unternehmen. Das Unternehmen kann dem durch ein gewünschtes Angebot (den Mitarbeiter vorher befragen!) eine gelenkte Bahn geben.

Es kann unterstützend dazu beitragen, dass das Vermittelte im Unternehmen auch praktiziert werden kann. Und nicht vergessen: Die Teilnehmer sind immer auf dem neuesten Stand und beruflich fit.

Flache Hierarchien schaffen

Im Denken der Generation Z, in der auch die zeitliche Flexibilität eine große Rolle spielt, können sich die Teamer im Team selbst über ihre Arbeitszeit austauschen.

Als Teamer sind hier die Teilnehmer eines Teams gemeint. Sie können untereinander klären, wer, wann und wo er im Einsatz ist. Sie brauchen hierzu keinen Vorgesetzten, der ihnen einen Dienstplan vorgibt.

Um sicherzustellen, dass die erforderliche Arbeit erledigt wird, muss im Vorfeld deutlich das Ziel – was, bis wann usw. – mit den Teamern abgesteckt werden. Durch die an anderer Stelle weiter oben beschriebenen Gespräche kann der Vorgesetzte sehen, ob die Arbeit den Absprachen entsprechend verläuft.

Je mehr sich das Team selbst organisiert, umso weniger braucht es hier die Kontrolle des Vorgesetzten.

Wird dieser Gedanke konsequent umgesetzt, werden auf Dauer weniger Vorgesetzte gebraucht. Das bedeutet, dass sich eine flachere Hierarchie durchsetzt und gleichzeitig eingesparte Kosten für eben diese Positionen an anderer Stelle investiert werden.

Ob das geht? Ja natürlich. Eine Menge ‚junger' Start-Up-Unter-nehmen lebt das vor. Bestenfalls gibt es den Geschäftsführer, Standortleiter oder Eigentümer und der Rest wird als gleichberechtigte Teams betrachtet. Das sind zwei Hierarchieebenen.

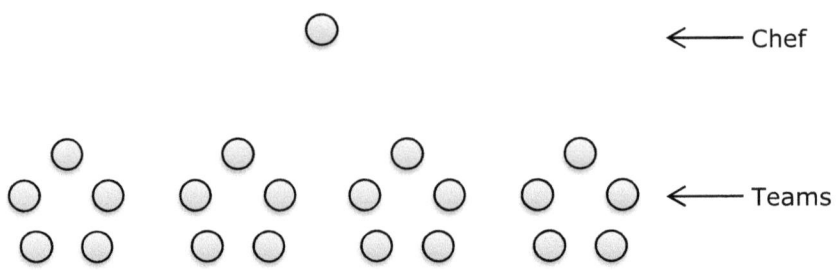

Um Meetings oder Gespräche möglichst konstruktiv zu halten, kann in jedem Team ein Team-Sprecher definiert werden, der dann sozusagen als Team-Leiter fungiert.

So gibt es eine versteckte dritte Hierarchieebene, wobei der Team-Sprecher ansonsten derselben Tätigkeit nachgeht wie seine Teamer.

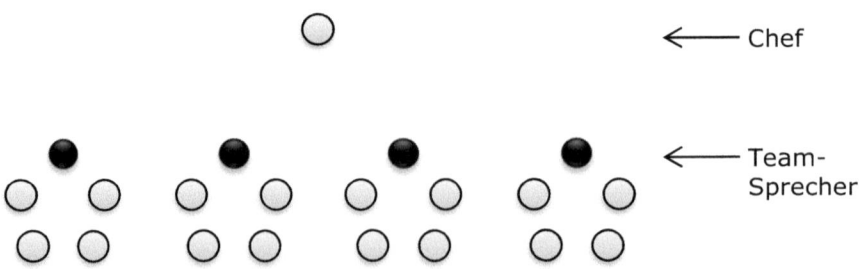

Teil 2 – Arbeitsverhältnis untereinander

Flache Hierarchie

Um diese flache Hierarchie optisch deutlich zu machen, verzichten aktuell einige Vorgesetzte darauf, eine Krawatte zu tragen (so als stellte das Tragen einer Krawatte automatisch die Kompetenz einer Führungskraft dar).

Manche verzichten auf die klassisch sichtbaren Statussymbole wie ein größeres Büro, teurere Einrichtung, PS-stärkeres Fahrzeug und so weiter.

Und wieder andere kommen auf die Idee, dass sich alle im Unternehmen ab sofort duzen.

Wenn diese Vorgehensweise helfen sollte, ein anderes Denken und vor allen Dingen ein anderes unternehmerisches Handeln zu erzeugen, dann soll es recht sein.

Bürokratische Strukturen abschaffen

Über räumliche und über zeitliche Flexibilität wurde informiert. Nun wenden wir uns der Art und Weise der Zusammenarbeit im Unternehmen zu. Die bisher übliche Art des Delegierens und Kontrollierens ist überholt.

Meetings

In sehr vielen Unternehmen finden Meetings statt. Regelmäßige Meetings, freundlicherweise ‚jour fixe' genannt, die wöchentlich am gleichen Wochentag und zur gleichen Uhrzeit stattfinden.

Der klassische Arbeitsablauf für die Beteiligten ruht so lange. Zusätzlich gibt es Meetings mit den Abteilungsleitern, mit den Projektgruppen oder aus der Situation heraus angesetzte Besprechungen oder Konferenzen.

Hier tut sich ganz schnell der Eindruck auf, dass für viele Beschäftigte die Haupttätigkeit darin besteht, in Treffen abzusprechen, was getan wurde und was getan werden soll. Viel Zeit wird demnach in die Planung investiert.

Herkömmliche Meetings sind überflüssig!

Weshalb gibt es so viele Beschäftigte, die die meisten Meetings als verlorene Zeit betrachten? Liegt es daran, dass von Meeting zu Meeting immer wieder Gleiches besprochen wird, weil zwischenzeitlich nichts Produktives umgesetzt wurde? Waren die Aufgaben oder die Ziele nicht konkret verteilt oder unklar formuliert? Liegt es daran, dass sich einige Beschäftigte zulasten der anderen profilieren wollen? „Guck mal Chef, was ich alles erreicht habe!" Oder finden Kleinkriege einzelner Kollegen am Arbeitsplatz statt? Teilnehmer, die die Plattform des Meetings nutzen, um sich gegenseitig zu ‚beschießen' verwechseln den Arbeitsplatz mit einem Kriegseinsatz.

Was ist ‚eigentlich' mit den Teilnehmern im Meeting, die den Mund überhaupt nicht aufbekommen? Sind sie desinteressiert, haben sie resigniert oder haben sie keine Ahnung? Langweilen sie sich? Ach – fast hätten wir es vergessen: Es soll ja Vorgesetzte geben, die mit endlosen Monologen das Meeting unnötig in die Länge ziehen.

Wie freuen sich die anderen Teilnehmer, belehrt oder gar vorgeführt zu werden. Wie toll ist es, wenn zurückliegende Fehler minutiös aufgedröselt werden, nur um zu zeigen, wie unfähig die Belegschaft ist. Selbstverständlich im Gegensatz zur Leitung, die alles im Blick hat.

Es ist nicht lange her, als der Autor dieses Buches in einer deutschen Tageszeitung den sinngemäßen Titel las: „Deutschland quatscht sich in Meetings tot." Und: „Schafft Meetings ab!"

Teil 2 – Arbeitsverhältnis untereinander

Flott und zielorientiert geführte Meetings müssen her!

Sitzen acht Abteilungsleiter eine Stunde lang im Meeting zusammen, entspricht das der Arbeitszeit eines klassischen Arbeitstags! Rechnen Sie, liebe Verantwortliche, lieber Verantwortlicher einmal hoch, welch finanzieller Aufwand betrieben und wie viel Zeit für die eigentliche Arbeit verschwendet wird, wenn ein Meeting ohne erkennbares Ziel durchgeführt wird.

Damit es deutlich ist: Meetings gehören keineswegs abgeschafft. Sie werden schon allein deshalb gebraucht, um den Mitarbeitern die Möglichkeit zu geben, sich außerhalb ihres Arbeitsplatzes zu sehen und sich – sozusagen auf dem kurzen Weg – persönlich auszutauschen.

Team-Meetings, die nur zweimal im Jahr stattfinden, verhindern eher die gute Zusammenarbeit im Team.

Zeit ist kostbar. Egal, ob es sich um Arbeits- oder Lebenszeit handelt. Nutzen Sie die Zeit in Meetings effektiv!

TOP – das Meeting läuft

Lassen Sie die Teilnehmer vorher wissen, welche TOP (Tagungs-Ordnungs-Punkte) besprochen werden sollen, damit sich jeder darauf vorbereiten kann. Fordern Sie vorab Themen ein, die in die TOP-Liste aufgenommen werden sollen.

Damit behalten Sie den Überblick über die zu besprechenden Punkte. Bleiben Sie im Meeting zielbewusst bei diesen Punkten und ergänzen keine weiteren, nur weil Frau Schulte gerade noch ein ganz wichtiges Thema einfällt.

Pünktlich sein

Geben Sie neben dem Ort die Uhrzeit an, von wann bis wann das Meeting gehalten wird. Halten Sie die Zeiten unbedingt ein!

Beginnen Sie pünktlich! Gehen Sie mit gutem Beispiel voraus. Jede Minute, die ein anderer auf Sie warten muss, kostet das Unternehmen unnötig Geld. Überziehen Sie die Meetings allerdings auch nicht. Bleiben Sie straff organisiert und ziehen alle TOP durch.

Zu jedem Punkt muss allen klar sein, ob es sich hier lediglich um eine allgemeine Information handelt oder ob etwas getan werden muss. Also klären: Wer, was bis wann erledigt, damit derselbe TOP nicht wochenlang in der Agenda auftaucht.

Wechseln Sie ruhig auch mal den Ort des Treffens. So durchbrechen Sie immer wiederkehrende Sitzplatz-Strukturen. Brechen Sie diese auf, wie Sie auch Denkblockaden aufbrechen sollen.

Ein kurzes, inhaltlich richtiges Protokoll erhalten zeitnah alle Beteiligten. Ist das Protokoll kurz und aussagekräftig, wird es auch gelesen. Außerdem lässt sich schnell nachvollziehen, wie bestimmte Punkte abgearbeitet werden.

Mails

Jüngst beklagte sich ein Coachee dem externen Coach gegenüber: „In unserem Unternehmen wird sich tot-gemailt."

Er jammerte, dass er an einem durchschnittlichen Arbeitstag mindestens 50 Mails allein von Kollegen und Vorgesetzten erhalte. Er wisse nicht, wie er dieser Flut an Mails auf Dauer ‚Herr' werden könne.

Wer kommt ins CC?

Überlegen Sie vor dem Versenden einer Mail, ob diese wirklich wichtig ist und wer den Inhalt lesen soll. Diejenigen, von denen Sie eine Rückmeldung erwarten, gehören in das Empfängerfeld. Diejenigen, die lediglich informiert sein sollen, gehören ins CC.

Teil 2 – Arbeitsverhältnis untereinander

Wer sich hier wiederfindet, soll sich in der Regel nicht zurückmelden, da er ja lediglich informiert wurde. Durch solch ein Verfahren lässt sich die Menge der Mails bereits deutlich reduzieren.

Betreff

Der Betreff im entsprechenden Feld muss aussagekräftig und eindeutig sein, um eine vernünftige Zuordnung im eigenen Speichersystem zu gewährleisten. So wird auch das spätere Wiederfinden der Mail erleichtert.

Endlos lange Mails empfinden viele Beschäftigte als überflüssig. Fassen Sie sich kurz, kommen Sie schnell zum Punkt und machen klar, welche Reaktion Sie vom Empfänger erwarten. Umfangreichere Texte gehören in eine angehängte Datei.

Verwechseln Sie Knappheit nicht mit Unhöflichkeit. Selbstverständlich werden die Höflichkeitsregeln eingehalten. Nicht umsonst gibt es eine Netiquette – Umgangsformen im Netz. Dazu gehört die Anrede wie die aussagekräftige Signatur (Abteilung, Telefonnummer usw.).

Zeitfresser

Als überflüssige Zeitfresser sind die freundlich gemeinten Mails mit ‚lustigen' Anhängen, die von irgendwoher aus dem Netz stammen. Wer solchen Inhalt sendet zeigt, womit er seine Arbeitszeit verbringt.

Die nette Aufforderung, diesen doch wirklich so lustigen Anhang an andere weiterzuleiten klingt nach Hohn, wenn auf anderer Seite über zu hohe Arbeitsbelastung gejammert wird.

Dass alle Empfänger der Mail aus ihrem Arbeitsprozess gerissen werden, scheint wohl nicht jedem Versender klar zu sein.

Dienst ist Dienst und ...

Schnaps ist Schnaps; so wurde früher gesagt. Hier heißt es, dass in der Freizeit der berufliche Mail-Account geschlossen bleibt.

Vernünftig und zeitgemäß arbeitende Manager haben das erkannt und ‚beglücken' ihre Mitarbeiter in deren Freizeit oder am Wochenende nicht mit elektronischer Post.

Entscheidungskraft und Rückgrat

Immer wieder berichten Mitarbeiter, dass sie mit eigenen Ideen bei ihren Vorgesetzten nicht weiterkommen. Sie erzählen dann, dass sich der Vorgesetzte zwar ihre Ideen anhörte, dass aber später keinerlei Rückmeldung erfolgte.

Abgesehen davon, dass dieses Verhalten auf Dauer zu einer Resignation der Mitarbeiter führt, zeigt es ein suboptimales Verhalten der Führungskraft.

Entscheidungsschwäche und Rückversicherung beim Vorgesetzten

Wie lähmend ist es, bei Vorschlägen immer wieder hören zu müssen, dass sich der Vorgesetzte seinerseits bei seinem eigenen Vorgesetzten absichern will. Bei großen, wichtigen oder sehr finanzintensiven Projekten mag das noch angehen.

Wenn dieses Verhaltensmuster hingegen bei jeder Kleinigkeit festzustellen ist, muss sich ganz schnell die Frage gestellt werden, weshalb der Vorgesetzte nicht entscheidet. Kann er nicht entscheiden oder darf er nicht entscheiden? Wenn er nicht entscheiden kann, fehlt ihm ganz sicherlich ein Kriterium Führungskraft zu sein.

Teil 2 – Arbeitsverhältnis untereinander

Fehlt ihm Selbstbewusstsein? Traut er sich nicht zu, Entscheidungen zu treffen? Hat er Angst, Fehler zu machen? Kann es sein, dass diese Führungskraft Unterstützung vom eigenen Vorgesetzten vermisst? Im gesteckten Rahmen muss eine Führungskraft entscheiden können – sonst ist sie fehlbesetzt.

Wenn er nicht entscheiden darf – ihm sind sozusagen die Hände gebunden – ist zu überlegen, ob er zum Beispiel aus rechtlichen Gründen nicht entscheiden darf. Das ist nachvollziehbar, allerdings auch sofort erklärbar.

Oder sind ihm die Hände gebunden, weil sein eigener Vorgesetzter eine bestimmte Firmenphilosophie erwartet, die den Vorschlägen widerspricht? Oder kann es gar sein, dass die Führungskraft nicht entscheiden darf, weil der Vorgesetzte ihm nicht vertraut?

Besonders bei der letzten Frage ist zu überlegen, ob im Arbeitsverhältnis des Vorgesetzten mit dessen Vorgesetzten etwas nicht stimmt.

Fehlt es einem Vorgesetzten an mangelnder Entscheidungskraft oder hat er das Bedürfnis, sich ständig rückzuversichern, sollte er selbst überlegen, lieber eine andere Position oder Funktion im Betrieb einzunehmen. Überspitzt ausgedrückt könnte gesagt werden, dass seine Stelle gegebenenfalls gar nicht besetzt sein müsste. Er ist überflüssig.

Kompromisse finden

So lange der Mitarbeiter motiviert ist, wird er Verbesserungspotenzial in Arbeitsabläufen erkennen.

Was soll sich der Vorgesetzte mehr wünschen, als über diese Verbesserungsvorschläge informiert zu werden? Das bedeutet ja nicht zwingend, dass jeder Vorschlag sofort eins zu eins umgesetzt werden soll.

Über den Vorschlag zu diskutieren ist es in der Regel schon wert. Vielleicht bringt sogar die Teilumsetzung des Vorschlags einen betrieblichen Vorteil. Wenn es nicht anders geht, kann auch ein Kompromiss gefunden werden.

Die Hauptsache ist, dass es anschließend dem Betrieb besser geht und dass, sozusagen nebenher, der Mitarbeiter merkt, dass seine Ideen gerne gehört werden. Wie stolz kann er sein, wenn eigene Verbesserungsvorschläge tatsächlich umgesetzt werden? Es ist davon auszugehen, dass dieser Mitarbeiter in Zukunft noch mehr Leistung erbringen wird.

Potenzial nutzen

An alle Entscheidungsträger: Nutzen Sie das Potenzial der anderen. Diejenigen, die an einem Gerät oder an einem Projekt direkt arbeiten, haben den besseren Einblick in Abläufe als Außenstehende. In der Regel versucht sich jeder seinen Arbeitsplatz so optimal wie möglich zu gestalten. Zwangsläufig heißt das, dass unnütze Tätigkeiten vermieden werden wollen und auch sollen.

Gute Ideen können zu Innovationen führen und letztendlich sogar zu Wettbewerbsvorteilen den Mitbewerbern gegenüber.

Drehen Sie den Spieß um und lassen Sie Ihre Mitarbeiter träumen und experimentieren. Es wird Sie überraschen, auf welch tolle Vorschläge der Mitarbeiter kommen kann.

Teil 3 – Flottes, flexibles und freies Arbeiten

Kreativität, Visionäres Denken, Schnelligkeit

Eigene persönliche Stärken einbringen

> *Unser Traum ist eine Aristokratie der Leistung, gewachsen aus einer Demokratie der Möglichkeiten.*
> **Thomas Jefferson, 3. US-Präsident (1743 - 1826)**

Gap-Year

‚Gap' heißt ‚Lücke', ein ‚Gap-Year' ist ein ‚Lücken-Jahr'. Gemeint ist damit das Jahr zwischen zwei aktiven Tätigkeiten, typischerweise auf junge Leute bezogen.

Lassen Sie uns hier die Zeit nach dem Abitur bis zum Studium sehen. Der Schulabgänger hat einige stressige Wochen mit intensivem Lernen und anspruchsvollen Prüfungen hinter sich gebracht.

Er ist froh und erleichtert, dieses Arbeitspensum durchlaufen zu haben. Und nun – erst einmal ausspannen und neue Kräfte sammeln. Er hat es verdient.

Manche nutzen die Zeit für ein Freiwilliges Soziales Jahr, für eine Reise rund um die Welt oder einfach nur fürs Nichtstun. Wie schön ist es, bis ‚in die Puppen' zu schlafen, stundenlang in die Welt der Computerspiele abzutauchen oder einfach nur ‚abzuhängen'. Sei es den jungen Leuten gegönnt.

Tatsächlich ‚verlieren' sie möglicherweise ein komplettes Jahr. Das ‚Laissez-faire' und Hineinleben in den Tag kann einen jungen Menschen unter Umständen in eine Haltung der Demotivation, ja gegebenenfalls sogar in eine Art der leichten Depression führen.

Teil 3 – Flottes, flexibles und freies Arbeiten

So hilft es manchem Betroffenen, wenn ein Schubs von außen erfolgt, damit er (wieder) aktiv wird.

Es gibt Fälle, in denen verzweifelte Eltern ihren Nachwuchs regelrecht aus dem Elternhaus komplimentieren. Er soll lernen, auf eigenen Beinen zu stehen.

Falls Sie, liebe Leserin, lieber Leser, gerade Ihr Gap-Year durchlaufen haben oder darauf verzichten wollen, stellen Sie sich den kommenden beruflichen Herausforderungen.

Beginnen Sie, sich für die Arbeitswelt zu begeistern.

Sinnvolles Tun und für die Arbeit ‚brennen'

Wer einer Beschäftigung nachgeht, weil er ihr nachgehen muss, hat bestimmt noch Energie-Reserven, die nicht eingesetzt werden. Diese Energie geht dem Unternehmen verloren. Schade.

Viel besser ist es doch, wenn der Beschäftigte mit vollem Interesse und Engagement seiner Fähigkeit nachgeht. Das wird unter anderem erreicht, wenn der Beschäftigte das Gefühl empfindet, etwas Sinnvolles zu tun. Wenn der Mitarbeiter ‚versteht', weshalb er bestimmte Aufgaben erledigt, wird er gewissenhafter und interessierter dabei sein.

Liebe Beschäftigte, lieber Beschäftigter, Sie können selbst dazu beitragen, dass Sie nicht in eine 08/15-Tätigkeit abrutschen.

Hier will ich arbeiten!

Zuerst einmal wählen Sie gezielt ein Unternehmen aus, in dem Sie gerne arbeiten wollen. Berücksichtigen Sie hierbei nicht nur die Lage und den damit verbundenen zeitlichen Aufwand für Ihre Hin-und Rückfahrt. Checken Sie im Vorfeld, ob Sie sich vorstellen können, beim ausgesuchten Arbeitgeber aktiv zu werden.

Lesen Sie aufmerksam die Webseite, Newsletter und Berichte beziehungsweise Kommentare im Netz. Über diese und vergleichbare Quellen bekommen Sie meist schon einen guten Einblick ins Unternehmen.

Überprüfen Sie die sozialen Medien, konkret die beruflichen Netzwerk-Anbieter.

Der Zufall will es und einer Ihrer Kontakte ist oder war dort beschäftigt.

Versuchen Sie, die Firmenphilosophie herauszufinden und vergleichen Sie diese mit Ihren eigenen Ansprüchen und Vorstellungen.

Wenn Sie sich dann bewerben, zielen Sie auf einen Arbeitsbereich, in dem Sie Ihre Stärken einbringen und in dem Sie Ihr Wissen ausbauen können.

Gehen Sie mit offenen Augen durch den Betrieb. Beobachten Sie, wie die Beschäftigten auf Sie wirken, welche Stimmung sie verbreiten und wie die Arbeitsatmosphäre wirkt. Sind diese Basis-Kriterien gegeben, können Sie sich voller Elan in Ihre Arbeit ‚werfen'.

Sinn und Unsinn

Nehmen Sie sich vor, so viele wie möglich sinnvolle Arbeiten zu erledigen. Damit ist gemeint, dass Sie selbst das Gefühl haben, mit Ihrer Tätigkeit dem Unternehmen einen Vorteil zu bringen.

Derjenige, der weiß, der versteht, weshalb und für wen er etwas macht, kann sich besser in die Arbeit vertiefen, sich besser gedanklich einbringen und schließlich ebenso bessere Ergebnisse bringen.

Klären Sie deshalb vorab mit Ihrem Vorgesetzten, weshalb bestimmte Aufgaben zu erledigen sind.

Begründungen wie „weil's der Chef so will" dürfen hier unter ‚Unsinn' abgestempelt werden.

Teil 3 – Flottes, flexibles und freies Arbeiten

Spannen wir den Bogen weiter, so will der heutige Mitarbeiter durch seine Arbeit einen Teil der Welt verbessern. Das wird ihm nicht gelingen, wenn er seine Tätigkeiten als unsinnig ansieht.

Glut entfachen – Feuer entzünden

Wer begeistert ist von seiner Tätigkeit, fängt Feuer. Bleiben wir bei diesen Termini: Zuerst riecht er Lunte, weil er etwas Sinnvolles wahrnimmt. Er fängt an, sich gedanklich damit zu beschäftigen; die Glut ist entfacht. Und nun engagiert er sich so stark in die Arbeit, dass er Feuer entzündet. Er brennt für die Sache.

Diese Begeisterung ist ihm anzumerken. Wenn er über seine Tätigkeit redet, unterstreicht er seine Worte mit deutlichen Gesten. Seine Augen strahlen regelrecht.

Die komplette Mimik spiegelt diese Begeisterung wider. So muss es sein. Im Idealfall kann er diese Begeisterung anderen so mitteilen, dass sozusagen das Feuer überspringt! Der nächste Mitarbeiter ist infiziert.

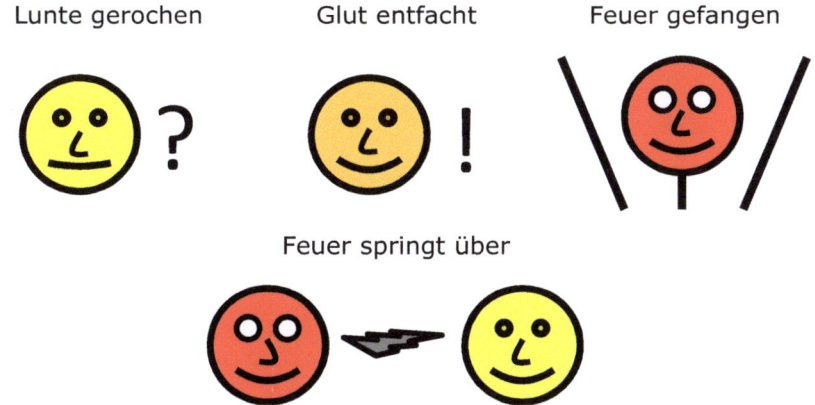

So kann eine phänomenale Stimmung im Betrieb entstehen.

Eigenverantwortliches Arbeiten

Um das Feuer voll ausleben zu können, immer ‚am Brennen' zu halten, muss der Mitarbeiter eigenverantwortlich arbeiten können.

Nachdem Ziel und Rahmen gesetzt wurden, will sich der Mitarbeiter möglichst frei bewegen. Je mehr Regeln und Einschränkungen vorgegeben sind, desto weniger frei und eigenverantwortlich kann er sich bewegen. Seine feurige Arbeitsweise stößt immer wieder und schnell an seine Grenzen. Destruktive Kritik an seiner Vorgehensweise riskiert, das Feuer einzudämmen oder gar zu löschen.

Eigene Verantwortung

Im Wort Eigenverantwortung steckt das Wort Verantwortung. Übernimmt der Mitarbeiter diese Verantwortung, spürt er das entgegengebrachte Vertrauen. Er weiß, dass er im Fall des Scheiterns eine gewisse Verantwortung übernehmen muss.

Schafft es der Mitarbeiter, sich in seinem Arbeitsbereich frei zu bewegen – auch angstfrei – wird er mit Freude größtmögliche Energie einbringen. Auch deswegen, weil ihm die Arbeit Freude bereitet und er am Ende des Arbeitstags glücklich nach Hause fahren kann.

Lassen Sie sich von diesem Risiko nicht einschränken!

Zeit, Schnelligkeit und Risiko

Dieses mögliche Risiko soll nicht abschrecken. Ohne Risiko gäbe es nur wenig Neues, da ja alles ‚wie immer' umgesetzt würde. Derjenige, der ein Risiko eingeht, schärft sein Profil und hebt sich von den Mitbewerbern (auch den internen) ab.

Weiter oben wurde beschrieben, dass der Mensch der Generation Z polychron arbeitet.

Teil 3 – Flottes, flexibles und freies Arbeiten

Er braucht dazu eine hohe geistige Flexibilität und muss sich schnell in eine andere Idee hineindenken können. Eingefahrene Denkweisen würden diese Vorgehensweise deutlich blockieren.

Flexible Arbeitszeit

Um den Wechsel in verschiedene Arbeitsfelder erfolgreich praktizieren zu können, ist ein hohes Maß an Konzentration notwendig. Allerdings lässt die menschliche Konzentration relativ schnell nach. Das bedeutet, dass der so Arbeitende sich seine Arbeitszeit flexibel einteilen können muss. Räumen Sie als Vorgesetzter dem Betreffenden die Möglichkeit der freien Arbeitszeit ein. Er wird diese seinen Kräften entsprechend am besten einsetzen können.

Auch bei diesem Vorgehen ist wieder eine Portion Vertrauen nötig, da der Vorgesetzte nicht dauernd kontrollieren soll, ob gerade gearbeitet wird. Ist das Ziel deutlich gesteckt, lässt sich beim Abgleich des Ist- und Soll-Zustands recht schnell erkennen, ob der Zeitrahmen eingehalten wird.

Schnelligkeit

Denkt jemand anders, springt er häufiger zwischen Themen umher, sucht er nach sofortigen Optionen oder Lösungen? Dann haben Sie möglicherweise einen der Generation Z vor sich.

Eine vollständige Vernetzung des Arbeitsplatzes mit ständigem und schnellem Zugriff auf das Internet wie auf interne Dateien muss gegeben sein. Die modernste technische Ausstattung wird erwartet und ist auch relevant für das Vorankommen im Arbeitsprozess. Langsam arbeitende Laptops, zäher Zugriff im Internet, sprechen gegen diese Überlegungen. Sorgen Sie dafür, dass mit modernster Software gearbeitet werden kann. Haben Sie keine Scheu davor, neue Software versuchsweise einzusetzen.

3-D

Die ganz nahe liegende Zukunft – oder ist es schon die Realität? – arbeitet bereits im 3-D-Modus und mit holographischer Darstellung. In dieser virtuellen Welt können Dinge angefasst und in alle Himmelsrichtungen gedreht werden, um die Sicht von oben, unten und von der Seite zu erhalten.

So wie das Drehen nicht nur zweidimensional geschieht, soll das Arbeiten im 3-D-Raum möglich sein.

Der virtuelle Verkaufsraum

Ein Unternehmer berichtete kürzlich, dass er seinen Messestand in Zukunft auch virtuell darstellen will. Er will dem Interessierten die Möglichkeit geben, sich vermeintlich in seinen Ausstellungen bewegen zu können, selbstverständlich mit 360° Rundumsicht. Vitrinen und Dateien lassen sich öffnen und das komplette Angebot soll mit möglichst allen Sinnen wahrzunehmen sein und wahrgenommen werden.

Zu einzelnen Ausstellungsstücken sollen informative Filme oder Interviews abgerufen werden können. Alles das ist schon machbar und zeitgemäß.

Der Unternehmer will noch einen kleinen Schritt weitergehen, dass er auf Wunsch sozusagen einen Avatar (ein künstliches Abbild eines Mitarbeiters) erscheinen lässt, der in direkten Dialog mit dem Interessierten treten kann.

Drücken wir dem Unternehmer den Daumen, damit er seine Vorstellung realisieren kann.

So soll abschließend zu diesem Thema dieser Gedanke in die tatsächliche Arbeitswelt eines Unternehmens übertragen werden.

Teil 3 – Flottes, flexibles und freies Arbeiten

Wäre es nicht denkbar, dass sich Mitarbeiter in solch einem virtuellen Gebäude bewegen, Kollegen in anderen Räumen besuchen können und tatsächlich Zugriff der oben erwähnten Art finden?

Kritiker mögen einwerfen, dass damit der direkte menschliche Kontakt eingeschränkt werden könnte.

Vielleicht würde sich hier etwas ändern – nur andererseits – wie ist es denn heute, wenn statt des direkten Gesprächs endlos viele Mails ausgetauscht werden?

Kreativität, Innovation und visionäres Handeln

Bleiben Sie noch bei dem Gedanken des virtuellen Besuchs.

Der Facility-Manager und der IT-Verantwortliche könnten über einen Rechner einen Raum betreten (gegebenenfalls sogar auch dann, wenn dort gerade gearbeitet wird), um zu überprüfen, ob alle Steckdosen funktionieren, eine Fensterverriegelung tatsächlicher Reparatur bedarf oder eine andere Instandsetzung vorzunehmen ist.

Flexibles Denken und Handeln

Wenn mit den gemachten Überlegungen vielleicht ein wenig ‚gesponnen' wurde, heißt es nicht, dass es nicht eines nahen Tages Wirklichkeit sein kann/wird.

Der junge Mitarbeiter bringt aufgrund seiner Fähigkeiten die Voraussetzungen mit, dass ‚verrückt' und ungewöhnlich gedacht werden kann. Bleiben Sie kreativ, um Innovationen zu ermöglichen.

Wenn Sie Glück haben, entwickeln Sie sogar eine Vision.

Visionäres Vorgehen – Querdenker sind gefragt

Wenn alle immer alles so machen, wie es alle immer schon gemacht haben, kann sich die Welt kaum verändern.

Also sind Querdenker, kreative Köpfe, ja vielleicht sogar Menschen mit deutlich ‚verrückten' Ideen gefragt. Lassen Sie uns diese Menschen als Visionäre bezeichnen.

Der Meinung des Autors nach, zeichnet sich der Visionär dadurch aus, dass er:

- sich in die Zukunft orientiert,
- als ‚verrückt' angesehen wird,
- als Fantast gilt,
- Geistesblitze hat,
- positiv in seiner Vision denkt,
- denkt, dass die Realisierung seiner Vision für die Allgemeinheit gilt,
- keinen festen Zeitpunkt als Ziel nennt,
- seine Vision selbst nicht lebend erreichen muss, beziehungsweise die Realisation nicht miterleben wird,
- sich Anhänger schafft,
- aktiv an der Verwirklichung beteiligt ist,
- sehr viel Zeit investiert und eventuell das eigene komplette Leben zur Erreichung der Vision nutzt.

Sind Sie ein Visionär?

Appell

Erlauben Sie sich, Ihren Kollegen, Vorgesetzten und Mitarbeitern modern zu denken und mutig zu handeln.

Befreien Sie sich von allen möglichen Denk- und Handelsblockaden.

Teil 3 – Flottes, flexibles und freies Arbeiten

Werden Sie aktiv, bevor andere es tun!

Sie als erfolgreicher Unternehmer und Vorgesetzter sowie Sie als enthusiastischer Berufseinsteiger der Generation Z: nehmen Sie die eigene Zukunft und die des Unternehmens in die Hand.

Sorgen Sie für eine neue und erfolgreiche Art des Zusammenarbeitens!

Ich drücke Ihnen die Daumen und wünsche Ihnen viel Erfolg.

# Anhang

Stichwortverzeichnis

A

ABCD-Modell 54
Aberglauben 87
Able 54
Alternativfrage 96
Anerkennung 99
Arbeiten, eigen-
  verantwortliche 120
Aufzug 92

B

Babyboomer 19
Bedürfnis 95
Behandlung, faire 103
Believable 54
Benevolenz 53
Besprechungszimmer 96
Bismarck, Otto Eduard
  Leopold Fürst von 56
Bitte 97
Blake, Robert Rogers 39
Blanchard, Ken 54
Blickrichtung 91
Bonus 42
Bonuszahlung 42

C

Compliance 102
Connected 54

D

Dalai Lama 17
Danke 97
Davis, James H. 53
Dependable 54

Digital Immigrant 19
Digital Native 19
Digitale Welt 28
Diversität 101
Döndrub, Lhamo 17
Du-Botschaft 63

E

Ehrenseite 91
Ehrlichkeit 71
Eigenverantwortlichkeit ... 32
Ekman, Paul 58
Empfang 90
Entscheidungskraft 112
Erfahrung 14
Erster Arbeitstag 80, 82

F

Fahrstuhl 92
Feedback 59
Feedbackgeber 60, 62
Feedbacknehmer 60
Feuer entfachen 119
Firmengebäude 82
Flexibilität 33
Fragen 64
Fremdes 103
Fremdvertrauen 49
Führungsmodell 38
Führungsstil 101

G

Gap-Year 116
Gastgeber 93
Gehen durch Türöffnung .. 91

Generation X 19, 36
Generation Y 19, 20, 36
Generation Z 20, 28, 36

H

Hände über Kreuz 87
Hände waschen 95
Händedruck 86
Händeschütteln 83
Handrücken 85
Hierarchie 105
Hören 66
Hosentasche 82, 85
Humboldt, Friedrich Wilhelm
  Christian Carl Ferdinand
  Freiherr von 38
Humboldt, Friedrich Wilhelm
  Heinrich Alexander von 38

I

Innovation 123
Integrität 72
Integritäts-Erwartung 53

J

Jahrtausender 19
Jefferson, Thomas 116

K

Kaffee 96
Knigge, Adolph Freiherr .. 133
Kommunikation 63
Kompetenz-Erwartung 52
Kompromiss 113
Kreativität 123

• 127 •

L

Laune 76
Lenin 44
Levin, Kurt Tsadek 39
Lüge 56
Lügenforscher 56

M

Mails 110
Malus 42
Mayer, Roger C. 53
Meeting.......................... 107
Microexpression.............. 58
Millennial 19
Mineralwasser................. 96
Misstrauen 46
Miteinander 11
Monochrones Arbeiten 34
Motivation 38, 42
Motivation, extrinsische... 42
Motivation, intrinsische .. 42, 43
Mouton, Jane Srygley 39
Multi-Tasking 33

N

Netiquette..................... 111

O

Offenheit......................... 73
Olmstead, Cynthia 54

P

Polychrones Arbeiten....... 34
Potenzial 114

Präsenz............................ 31

Q

Querdenker................... 124

R

Rang 88
Rangniedere Person 88
Regelwerk 102
Respekt 67
Rückgrat 112
Rückversicherung........... 112

S

Selbstvertrauen............... 49
Shakespeare, William 10
Sinnvolles Tun 117
Smalltalk.......................... 90
Soft Skill 38
Stiegnitz, Peter 56
Stolz 76
Synonym für Umgangsformen........... 134

T

Tenzin Gyatso.................. 17
Toilettenraum 95
Toilettentür..................... 95
TOP 109
Transparenz 73
Treppenhaus 92
Türöffnung 91
Türrffnung 91
Typologie-Modell 40

U

Uljanow, Wladimir Iljitsch 44
Umgang mit Menschen .. 134
Umgangsform................ 134
Umgangsformen.............. 83

V

Vertrauen............ 38, 44, 46
Vertrauen, eigenschaftsgebundene 52
Vertrauen, Identifikationsbedingte 53
Vertrauen, situationsbasierte........ 52
Vertrauensbeziehung 50
Vertrauens-Dimensionen . 52
Vertrauensgeber 52
Vertrauens-Modell 54
Vertrauensnehmer 52
Vielfältigkeit 17
Vorstellung..................... 88

W

Wagner, Wilhelm Richard... 7
Waschräume 95
Wasser 96
Wegbeschreibung 90
Weiterbildung 103
Wertschätzung 99
Wissen............................ 14
Wohlwollen-Erwartung.... 53

Z

Zeitfresser..................... 111
Zuhören.......................... 66

Anhang

Knigge als Synonym und als Namensgeber

Umgang mit Menschen

> *Suche weniger selbst zu glänzen, als andern Gelegenheit zu geben, sich von vorteilhaften Seiten zu zeigen, wenn Du gelobt werden und gefallen willst*
> *Adolph Freiherr Knigge, aus dem Buch „Über den Umgang mit Menschen", 1788*
> *(1752 - 1796)*

Adolph Freiherr Knigge

Schon zu seinen Lebzeiten war Adolph Freiherr Knigge (1752 – 1796) umstritten. Knigge setzte sich durch sein energisches Eintreten für die Ziele der Aufklärung, so wie er sie verstand, scharfen Angriffen aus. Er arbeitete als Romanschriftsteller und Satiriker sowie als politischer Schriftsteller. Er gehörte den Freimaurern an. Heute ist Knigge vor allem seines Buches wegen ‚Über den Umgang mit Menschen' (1788) bekannt. Und zwar deswegen, weil sein Werk als Etikette-Buch angesehen wird.

Das große Missverständnis

Knigge verdankt seinen heutigen Ruf und Erfolg aber einem Missverständnis. Denn: Das Werk Adolph Freiherr Knigges gilt als Etikette-Buch ersten Rangs. Allerdings beschreibt Knigge keine Regeln wie mit Besteck umzugehen ist oder das Verhalten bei Tisch, stattdessen offenbart er eine praktische Lebensphilosophie im Umgang mit Mitmenschen. Er gibt Anleitungen und Anregungen, wie mit seinen Mitmenschen richtig umzugehen ist. Knigge hoffte damit, dass die Menschen glücklich und froh miteinander leben könnten. Sein Buch erschien 1788 und war schon kurze Zeit in fast allen Haushalten zu finden. Über 200 Jahre lang prägte sich sein Buch im Bewusstsein der Leser als praktisches Handbuch über gutes Benehmen ein.

Über den Umgang mit Menschen

In drei Teilen seines Buches hat Knigge über den Umgang mit verschiedenen Menschengruppen geschrieben, zum Beispiel:

Über den Umgang mit Leuten von verschiedenen Gemütsarten, Temperamenten und Stimmungen des Geistes und des Herzens (Erster Teil, 3. Kapitel)

Über den Umgang mit Frauenzimmern (Zweiter Teil, 5. Kapitel)

Über die Verhältnisse zwischen Herrn und Dienern (Zweiter Teil, 7. Kapitel)

Über das Verhältnis zwischen Wohltätern und denen, welche Wohltaten empfangen; wie auch unter Lehrern und Schülern, Gläubigern und Schuldnern (Zweiter Teil, 10. Kapitel)

Über den Umgang mit den Großen der Erde, mit Fürsten, Vornehmen und Reichen (Dritter Teil, 1. Kapitel)

Über die Art, mit Tieren umzugehen (Dritter Teil, 9. Kapitel)

Knigge heute als Synonym für Umgangsformen

Obwohl es heute klar ist, dass Knigge anderes verfolgte, als wir unter seinem Namen verstehen, soll ‚Knigge' als Synonym für den Bereich stehen, dem sich das vorliegende Buch widmet.

Anhang

12 Ratgeber in der kleinen Knigge-Reihe

Der kleine ... -Knigge ²¹⁰⁰ (Je € 9,70; 88 Seiten, 12x19 cm, kartoniert)

Anstands- und Banausen-Knigge ²¹⁰⁰
Business- und Kunden-Knigge ²¹⁰⁰
Büro- und Kollegen-Knigge ²¹⁰⁰
Gäste- und Gastgeber-Knigge ²¹⁰⁰
Gesellschafts- und Freunde-Knigge ²¹⁰⁰
Outfit- und Stil-Knigge ²¹⁰⁰
Interkulturelle- und Auslands-Knigge ²¹⁰⁰
Bewerbungs- und Vorstellungs-Knigge ²¹⁰⁰
Event- und Feste-Knigge ²¹⁰⁰
Gastro- und Tischsitten-Knigge ²¹⁰⁰
Speisen- und Exoten-Knigge ²¹⁰⁰
Trinkkultur- und Getränke-Knigge ²¹⁰⁰

12 x kleines Handbuch der Rhetorik 2100

Der kleine Handbuch der Rhetorik ²¹⁰⁰ (Je € 9,70; 100 Seiten, 12x19 cm)

Erfolgreich reden „Die Kunst, flott vorzutragen"
Körpersprache einsetzen „Mit Händen und Füßen sprechen"
Gezielt trainieren „Ich will endlich erfolgreich präsentieren!"
Nervosität austricksen „Mir zittern die Knie"
Begeistert überzeugen „Das rhetorische Feuer entfachen"
Unterschwellig manipulieren „Ich kriege dich schon!"
Wahrnehmung verzerren „Ich glaub' nur, was ich sehe."
Einwände entkräften „Das ist doch gar nicht machbar! – Oder doch?"
Gespräche führen „Zielorientierte und zeitsparende Gesprächslenkung"
Meetings leiten „Besprechungen erfolgreich führen"
Geschicktes Nudging „Das versteckte Anschubsen"
Interviews führen „Darf ich Sie mal fragen?"

Anhang

4 Ratgeber in der Ego-Management-Reihe

Persönlichkeits-Management – Ego-Knigge ²¹⁰⁰ Soft Skills, Selbst-Reflexion und Selbst-Bewusstsein

Stress-Management – Ego-Knigge ²¹⁰⁰ Lampenfieber, Stressoren, Gerüchte, Mobbing, Burnout, Stressvermeidung

Zeit-Management– Ego-Knigge ²¹⁰⁰ Umgang mit der Zeit, Organisation von Arbeitsabläufen, Perfektionismus, Zielsetzung

Gedächtnis-Management – Ego-Knigge ²¹⁰⁰ Gehirn, Intelligenz, Schwachsinn – Hochbegabung, Gedächtnis, Lerntechniken. Jeder Ratgeber € 14,90, 104 Seiten, A5, kartoniert

4 Ratgeber in der Reihe Lebenseinstellung

Aberglaube-Knigge ²¹⁰⁰ Von schwarzen Katzen, der linken Hand des Teufels und den Glücksbringern

Lügen- und Egoismus-Knigge ²¹⁰⁰ Überleben durch Flunkern, Schummeln und Täuschen! Macht, Respekt, Wertschätzung? Lebenslüge und Lebensschutz

Glücks-Knigge ²¹⁰⁰ Vom Glücklichsein, positiven Denken und von Freundschaften

Angst- und Optimismus-Knigge ²¹⁰⁰ Die Furcht beherrschen, Ängste nutzen und positiv durchs Leben gehen. Jeder Ratgeber € 12,95, 160 Seiten, A5, kartoniert

3 Ratgeber Bräutigam, Braut und Brautpaar

Bräutigam-Knigge ²¹⁰⁰ Verlobung und Polterabend, Schwiegereltern und das Ja-Wort, Hochzeits-Outfit und Hochzeits-Kutsche

Braut-Knigge ²¹⁰⁰ Brautkleid und Accessoires, Das große Hochzeitsfest, Höhepunkte und Hochzeitstanz

Brautpaar-Knigge ²¹⁰⁰ Historisches und Sonderbares, Planung und Organisation, Aberglaube und Hochzeitsbräuche. Jeder Ratgeber € 15,90, 104 Seiten, A5, kartoniert

2 Ratgeber Selbst-Coaching

Selbstbewusstsein Knigge ²¹⁰⁰ Ich bin, ich kann, ich will. Das eigene Leben bestimmen, Soft Skills, The Winner 1, € 12,95; 120 Seiten A5

Selbstwertgefühl Knigge ²¹⁰⁰ Steh auf! – Werde aktiv! – Zeige Profil! Das eigene Leben beeinflussen, Motivation, The Winner 2, € 12,95; 120 Seiten A5

Leben und Lifestyle

Das kleine Knigge-Quiz [2100] € 9,70; 96 Seiten, 12x19 cm, kartoniert

Jugend-Knigge [2100] Knigge für junge Leute und Berufseinsteiger, € 15,90; 152 Seiten

Zukunfts-Knigge [2100] Verfall der Sitten und Verlust der Wertschätzung? Umgangsformen in 100 Jahren. Zusammenleben mit Menschen, Maschinen und menschenähnlichen Robotern, € 14,95; 172 Seiten A5 kartoniert

Hochzeits-Knigge [2100] Hochzeitsbräuche, Geschenke, Brautjungfer, Trauung, Festgäste und Festmahl, € 29,95; 310 Seiten A5

Ü65- und Senioren-Knigge [2100] Die junge Alten und die alten Jungen, Kommunikation und Verständnis zwischen den Generationen, Einsamkeit und technischer Fortschritt, € 19,95; 180 Seiten A5

Blumen-Knigge [2100] Historisches, Mystisches, Festliches, Blumen-Sprache, Umgang mit Blumen-Präsenten, € 19,95; 144 Seiten A5

Bekleidung! Ausdruck der Persönlichkeit – Lukas` Outfit-Knigge [2100], € 19,95; 196 Seiten A5

Nudel-Knigge [2100] Himmlische Teigwaren, € 17,95; 140 Seiten A5

Der Interkulturelle Kompetenz-Knigge [2100] Kultur, Kompetenz, Eindrücke – Gesten, Rituale, Zeitempfinden – Berichte, Tipps, Erlebnisse, € 29,95; 240 Seiten A5

Wertschätzung-Knigge [2100] Gleichberechtigung, Gender und Respekt, Sexuelle Orientierung, Umgang bei Diskriminierung und Mobbing, € 14,95; 152 Seiten A5

Dschungel-Knigge [2100] Umgang in ungewohnter Umgebung, € 23,95; 192 Seiten A5

Der Dicke-Knigge [2100] Aus dem prallen Leben des Dicken, € 15,90; 104 Seiten A5

Typisch Frau – Typisch Mann Knigge [2100] Unterschiede und Gemeinsamkeiten im Umgang mit dem anderen Geschlecht, € 12,95; 128 Seiten A5

Kulinarischer und Gastronomischer Knigge [2100] Von Events, Feiern, Aperitif über Esskultur, Speisen und Getränken zu zeitgemäßen Tischsitten, € 26,50; 284 Seiten A5

Klo- und Pinkel-Knigge [2100] Vom privaten und öffentlichen Bedürfnis - Umgangsformen im Tabu-Bereich, € 13,50; 104 Seiten A5

Omi hüpf` mal Märchen meiner Großmutter, Erlebnisse ihre Jugend und wahre Geschichten meines Vaters von und über Omi Rickchen, Hardcover, € 29,95; 312 Seiten

Der Hunde-Knigge [2100] Umgang mit dem Hund – Hundesprache – Der Hund in der Gesellschaft, € 17,95; 180 Seiten A5

Welcome to Germany-Knigge [2100] Umgangsformen, Verhaltensmuster und gesellschaftliches Miteinander im deutschsprachigen Europa, € 11,99; 108 Seiten A5

Besuch willkommen Knigge [2100] Einladung, Gast, Geschenk, Empfang, Feier, Gastfreundschaft, € 14,95; 200 Seiten A5

Leben, Tod und Ansichten Austausch mit Berühmtheiten über Wichtiges und Unwichtiges im Leben, € 12,95; 116 Seiten A5

Leben, Tod und Überlegungen Austausch mit Berühmtheiten über Größe, Ewigkeit und Spaß im Leben, € 12,95; 116 Seiten A5

Tod, Trauer, Totenkult-Knigge [2100] Sterben, Trost, Takt, Bestatten, Tradition, Vorsorge, Tabus, Vergänglichkeit und Sonderbares, € 17,95; 212 Seiten A5

Anhang

Leben und Lifestyle

Rhetorik, Soft Skills, Hochschule, Beruf

Rhetorik ist Silber Von den ersten Schritten zu einer perfekten Präsentation, € 17,90; 144 Seiten A5, kartoniert, Zeichnungen
Moderation ist Gold Gesprächsführung, Umfragen, Talkrunden und Manipulation, € 17,90; 144 Seiten A5, kartoniert, Zeichnungen
Lebhafte Körpersprache in Vorträgen, Präsentationen, Gesprächen, € 17,90; 144 Seiten A5, kartoniert, ca. 290 Zeichnungen
Rhetoric – Mastering the Art of Persuasion, € 22,90; 144 Seiten A5, kartoniert
Discussion – Mastering the Skills of Moderation, € 22,90; 144 Seiten A5, kartoniert, Zeichnungen
Body Language in Europe, € 22,90; 144 Seiten A5, kartoniert, ca. 290 Zeichnungen
Körpersprache – Lüge, Verrat, Macht, Im Beruf, vor Gericht, beim Flirt – Gewinnerpose und Demutshaltung – Drohung und Zuneigung; € 29,95; 364 Seiten A5, kartoniert, über 400 Zeichnungen
Das große Buch der Rhetorik [2100] Tacheles reden; Präsentieren; manipulieren und überzeugen, € 37,45; 332 Seiten A5, kartoniert, viele Darstellungen
Trickreiche Rhetorik [2100] Psychologische Gesprächsführung, manipulierende Darstellung, unaufdringliches Nudging, € 37,45: 300 Seiten A5, kartoniert, Zeichnungen
Soft Skills-Knigge [2100] Soziale, Persönlichkeit, Selbstmanagement, € 37,45; 324 Seiten A5, kartoniert, viele Darstellungen
Schlagfertigkeit-, Spontaneität-, Stegreif-Knigge [2100] Impulsiv handeln, verbale Angriffe kontern, Störungen entwaffnen, € 13,50; 104 Seiten A5
Pitch Skills und Überzeugungs-Knigge [2100] Elevator Pitch, Geldgeber beeindrucken, Feuer versprühen, € 13,50; 128 Seiten A5, kartoniert
Smalltalk-Knigge [2100] Vom kleinen Gespräch bis zum charmanten Flirt - Kontakt ausbauen, Sympathie zeigen, Begehrlichkeit wecken, € 13,50; 100 Seiten A5
Quassel-Knigge [2100] Quasseln, Quatschen, Quengeln oder Lebenswichtige Kommunikation – Gezielt eingesetzte Rhetorik – Aussagekräftiges Profil zeigen, € 13,50; 112 Seiten A5
Hochschul-Knigge [2100] Studentischer Umgang in und außerhalb der Hochschule am Beispiel der Cologne Business School, 132 Seiten A5, kartoniert, Fotos
Jugend-Karriere-Knigge [2100] Schule und Studium, Netzwerk und Klüngel, Erfolg und Risiken, € 19,95; 224 Seiten A5, kartoniert, Zeichnungen, Checklisten
Bewerbungs-Knigge [2100] **für Frauen – Tina bewirbt sich / Bewerbungs-Knigge** [2100] **für Männer – Tom bewirbt sich**, Vorbereitung, Wahl der Kleidung, Verhalten beim Bewerbungsgespräch, je € 19,70; 128 Seiten A5, kartoniert, Fotos, Checklisten
Kreativitäts-Knigge [2100], Visionärhaft denken, Scheuklappen sprengen, Mentales Risiko eingehen, € 14,95; 164 Seiten A5, kartoniert
Team und Typ-Knigge [2100], Ich und Wir, Typen und Charaktere, Team-Entwicklung, € 14,95; 128 Seiten A5, kartoniert, viele Darstellungen
Die flotte Generation Y im 21. Jahrhundert, selbstbewusst – lebensbetonend – flexibel. Wie mit der Generation Y zielorientiert und erfolgreich gearbeitet werden kann, € 12,95; 116 Seiten A5, kartoniert, Zeichnungen
Die flotte Generation Z im 21. Jahrhundert, entscheidungsfreudig – effizient – eigenverantwortlich. Wie mit der Generation Z zielorientiert und erfolgreich gearbeitet werden kann, € 12,95; 140 Seiten A5, kartoniert, Zeichnungen

Anhang

Rhetorik, Soft Skills, Hochschule, Beruf

Englisch:

 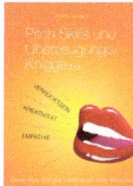 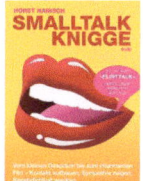 

  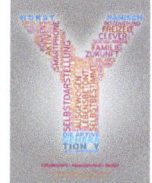 

Beratung, Coaching, Seminar

Wer hat nicht gerne mit Menschen zu tun, die selbstbewusst und selbstsicher mit anderen Menschen umgehen?

Geschäftspartnern, die die elementaren Regeln des ‚Benimms' beherrschen, stehen die Türen zum Erfolg offen.

Unternehmen, die neben ihrer fachlichen Leistung auch ‚menschlich' überzeugen wollen, bieten wir für ihre Mitarbeiterinnen und Mitarbeiter aktives Training im Umgang mit Kunden, Gästen, Kollegen und Gesprächspartnern an.

Auf unserer Website informieren wir Sie über unsere Angebote:

- Firmen-Internes-Training
- → Business-Etikette und das Lehrmenü
- → Präsentieren, Moderieren, Kommunizieren
- → Körpersprache und ihre Geheimnisse
- Offen ausgeschriebene Seminare
- → Teuflische Rhetorik
- → Flottes Reden vor und zu anderen
- → Der erste Eindruck

- → Ladies Power
- Individuelles Einzelcoaching
- → Authentisches Auftreten
- → Dress for Success
- → Verhandlungstechniken
- Persönlichkeit
- Interkulturelles Training
- Freundlichkeits-Checks in Unternehmen
- Workshops
- → Soft Skills

- → Team-Training
- → Intensiv-Training für TV-Auftritte
- → Vorträge
- → Präsentationen
- → Reden
- Fachliteratur und Arbeitsunterlagen
- Vorträge/Speaker
- → Vor kleinem und vor großem Publikum

Individuelles Coaching für Einzelpersonen: Und, wer es ganz individuell mag, greift zurück auf ein Einzel-Coaching. Hier werden ganz persönliche Herausforderungen angegangen, mit Themen wie:

- Interkulturelle Kompetenz
- Selbstsicheres Auftreten
- Präsentations-Techniken
- Erfolgreiche Verhandlungsführung
- Der Erste Eindruck
- Bewerbungstraining
- Rhetorik und Überzeugungskraft

und andere Themen – direkt auf die besonderen Bedürfnisse des Einzelnen zugeschnitten.

Besuchen Sie uns auf www.knigge-seminare.de